# La Morrigan

*Prácticas celtas secretas, rituales de devoción, adivinación y hechizos de magia(k)*

# Su regalo gratuito

¡Gracias por descargar este libro! Si desea aprender más acerca de varios temas de espiritualidad, entonces únase a la comunidad de Mari Silva y obtenga el MP3 de meditación guiada para despertar su tercer ojo. Este MP3 de meditación guiada está diseñado para abrir y fortalecer el tercer ojo para que pueda experimentar un estado superior de conciencia.

https://livetolearn.lpages.co/mari-silva-third-eye-meditation-mp3-spanish/

# Tabla de contenidos

# Introducción

La tradición celta está llena de leyendas sobre poderosos dioses y diosas que supervisan diferentes aspectos de la vida de los celtas irlandeses. Una de estas deidades era Morrigan (o "la Morrigan", como también se le conoce), que posee una historia increíblemente rica y compleja, por no mencionar su asociación con papeles paradójicos. Aquellos que solo han escuchado algunas historias sobre ella suelen referirse a ella como una deidad de la guerra o una diosa de la muerte. Explicar esta deidad es un reto, ya que la mayor parte de la información que tenemos sobre ella fue registrada a partir de cuentos populares y cambiaba con cada narración, dependiendo de la persona que relatara las historias.

Solo los que están más familiarizados con las múltiples apariciones de Morrigan pueden comprender su contribución al ciclo de la vida, la muerte, el renacimiento y todo lo que hay entre medias. Como otros miembros sobrenaturales de la tribu Tuatha Dé Danann, Morrigan también tiene una profunda conexión con la naturaleza. Existen pruebas arqueológicas que demuestran que sus símbolos se encontraban en objetos que indicaban su papel como diosa de la Tierra, nutriendo a los humanos y sus territorios. Se encuentran pruebas similares sobre su aspecto como diosa triple de la feminidad y la fertilidad.

No solo era temida por su aspecto antes y después de una batalla, sino que también era venerada por ello. Este libro mostrará cómo Morrigan aportaba consuelo en la antigüedad y cómo puede seguir haciendo lo mismo por usted hoy en día. Suponga que considera a Morrigan como un símbolo de empoderamiento, intuición, justicia y sabiduría en lugar de verla como una villana. En ese caso, ella le proporcionará todas estas cualidades. Los papeles de las mujeres representados en el linaje celta son todos de una fuerza inmensa, y Morrigan no es diferente. No se la ve y se la llama con el nombre colectivo de las Morrigan que describe a varias figuras femeninas poderosas sin razón. Ella tiene el poder de varias mujeres, y puede prestarlo a cualquiera que la honre. Sus recursos y cualidades están tan estrechamente ligados que cuando se invoca a una diosa para que le ayude, su bendición provendrá probablemente de todas ellas.

Muchos piensan que esta diosa solo podía influir en los acontecimientos que tenían lugar en el campo de batalla. Sin embargo, Morrigan no era llamada la diosa de la fertilidad solo por su capacidad de asegurar la reencarnación de las almas que perdían sus cuerpos en el campo de batalla. Como revela este libro para principiantes, la diosa también tenía algunas funciones menos conocidas como sanadora, comadrona y protectora de las tierras. Los fascinantes mitos que leerá sobre sus diferentes aspectos son suficientes para tener a cualquiera al borde de su asiento.

El enfoque práctico de los capítulos le proporcionará amplia información sobre cómo montar un altar dedicado utilizando símbolos y diversas herramientas mágicas, todo en nombre de honrar a Morrigan. Tanto si quiere utilizar sus habilidades para predecir el resultado de un acontecimiento importante, como si quiere superar un obstáculo especialmente formidable o necesita orientación o curación, en este libro encontrará todo lo que necesita para ello. Lo único que le queda por hacer es empezar a practicar y prepararse para recibir sus bendiciones. Recuerde, si se siente atascado con una tarea en particular, darle su propio giro siempre facilitará la manifestación de sus intenciones.

# Capítulo 1: Los disfraces de la Morrigan

Este primer capítulo le presentará a la Morrigan (también conocida como Morrigu) como una única diosa celta con muchas caras y el trío de diosas que viven dentro de su ser al que nos referiremos como "aspectos". Incluso su nombre colectivo - la Morrigan - se da para reconocer la diversidad de sus formas y habilidades. Como los celtas no conservaban registros escritos, la mayoría de sus leyendas han llegado hasta nosotros a través del folclore transmitido a lo largo de los siglos.

Estas historias incluyen relatos de la única Morrigan, o al menos de las mujeres que a menudo se consideran como ella. Cada una de las caras o disfraces de Morrigan hace referencia a sus habilidades como diosa celta cambiante de la guerra, la soberanía, el destino y la muerte. Al mismo tiempo, muchos de ellos la describen de diferentes maneras. Por ejemplo, algunos relatos le atribuyen características mágicas, mientras que otros lo niegan y solo la ven como patrona de los elementos naturales y las batallas. Sin embargo, la mayoría de las descripciones de la Morrigan coinciden en que, aunque se la asocia principalmente con la guerra, también tiene una característica que le confiere un estatus de diosa de la fertilidad terrenal. A pesar de su fama de presagio de la muerte, hay un aspecto positivo en ella. Y esto es cierto independientemente de cuál de las siguientes apariencias se la haya visto.

# Badb

También conocida como el cuervo de la batalla, Badb es probablemente el aspecto más conocido de la diosa de la guerra en la historia celta. Es una de las tres diosas hermanas llamadas colectivamente las Morrigan. A veces también se la ilustra como un único ser con múltiples rostros. Este concepto - de tres en uno - es muy probablemente una consecuencia de la asimilación de los paganos celtas al cristianismo y la adopción de la doctrina de la Santísima Trinidad. Sin embargo, no se puede negar el vínculo entre todas sus habilidades y otras posibles apariencias de la Morrigan.

Lo que resulta aún más confuso sobre la Morrigan es el uso de su nombre para un miembro de las diosas triples. Por cierto, de las tres hermanas, es Badb, a la que se refiere a menudo con este nombre, la que era conocida como creadora de confusión. Aunque las tres están asociadas a la muerte durante las batallas y las guerras, Badb aparece con más frecuencia que sus hermanas. Y cuando lo hace, se ve como una confirmación de muerte o masacre en el futuro.

Lo más probable es que Badb aparezca la víspera de una batalla en forma de su animal favorito, el cuervo. Este presagio señala que lo más probable es que se produzca un derramamiento de sangre. En otras ocasiones, simplemente visitaba a los gobernantes disfrazada de bruja y les advertía del resultado de la batalla. Sin embargo, si realmente quería disuadir a las partes de entrar en combate, se transformaba en una forma incluso más aterradora. Ya sea en forma de bruja, de cuervo o de otra criatura, sembraba el pánico y la confusión total entre los guerreros con la esperanza de impedirles luchar. A veces era suficiente, si ella sobrevolaba el campo de batalla como el cuervo, para que los guerreros comprendieran el resultado. Si no era así, volaba hacia el campo de batalla y gritaba desde allí. También hacía lo mismo después de la batalla para asustar tanto al enemigo que estuviera demasiado asustado para volver a atacar.

Trabajando junto a su hermana, Badb era capaz de mucho más que hacer huir al enemigo. Juntas podían influir en la naturaleza invocando nubes, ocultando el sol y provocando tormentas y truenos mortales. Este clima mágico podía durar hasta tres días para asegurarse de que el enemigo muriera o cambiara de opinión para no entrar en guerra.

Se dice que su papel se modificó ligeramente después de que perdiera a su familia y el territorio de su tribu cayera en manos de una tribu rival. A partir de entonces, prometió traerles prosperidad, paz y victoria en todos sus tratos en lugar de ocuparse de las guerras entre los clanes.

Badb es también una de las pocas interpretaciones de la Morrigan que aparecen en la mayoría de las culturas paganas y neopaganas contemporáneas. Sigue apareciendo como cuervo, que es su forma favorita como guía espiritual cuando interactúa con los celtas. Sin embargo, ahora también estamos familiarizados con la forma en que esta ave llegó a estar vinculada a la diosa de la batalla y la guerra. Los mirlos, como las cornejas y los cuervos grandes, aparecían a menudo en los campos de batalla después de que el combate hubiera cesado y tras otras catástrofes que implicaban muerte y derramamiento de sangre. Aunque esto pueda parecer una imagen especialmente espantosa de los animales asociados a la diosa, hay algo más en esta historia. Los cuervos son aves inteligentes y se dice que pueden predecir muchos resultados en la naturaleza, lo que probablemente llevó a su asociación con la profecía de la guerra. Es posible que hayan aprendido a reconocer las señales del inminente derramamiento de sangre, lo que les hizo sobrevolar a las tropas incluso antes de que comenzara la lucha. Por muy improbable que parezca, está respaldado por investigaciones que se han llevado a cabo hasta el año 2020.

Otra forma de Badb asociada a la profecía es la de una mujer mayor. En la tradición celta, a menudo se pensaba que las mujeres mayores tenían una gran sabiduría y que podían ver el futuro y atisbar el destino de las personas. Para establecer una vez más un paralelismo con las diosas triples, Badb podría haber sido considerada como la "*anciana*". Después de todo, ella simbolizaba tanto la sabiduría como la inevitabilidad de la muerte.

Otra forma que adoptaba Badb era la de la banshee, que utilizaba cuando quería aterrorizar a sus enemigos. Se decía que estas criaturas eran sidhe malévolas, o espíritus que vivían en el otro mundo. Primero se presentaba como un cuervo y luego se transformaba en una banshee mientras seguía utilizando la voz rasposa del cuervo. Si esto no surtía efecto, comenzaba a chillar con una voz aguda. No está claro si esta forma de Badb habita en el mundo espiritual como las otras banshees, pero también hay una referencia a que actúa como presagio de la muerte fuera de los campos de batalla. Dado que el grito de una banshee tendría el mismo efecto siempre que alguien se encontrara con una, es muy posible que exista una conexión tangible entre todos estos papeles. Sin embargo, este papel de Badb también es común en las interpretaciones modernas. Estas pueden o no haber sido contaminadas por los intentos de la Iglesia cristiana de reducir las creencias celtas a cuentos ocultos y místicos. Debido a esto, la mayoría de sus espíritus se han convertido en criaturas traviesas, y la leyenda de los Tuatha Dé Danann no es más que un cuento inventado en el pasado. Sin embargo, la Morrigan como Badb ha conservado bastante poder. Esto no solo se debe a su capacidad de infundir miedo, sino que también se refiere a su naturaleza valiente y protectora.

## Macha

La hermana de Badb, Macha, era también una poderosa diosa irlandesa de la guerra, pero sus habilidades estaban más vinculadas a la tierra que a cualquier otra dimensión de la vida. Al igual que la trinidad de la Doncella, la Madre y la Anciana, la Morrigan también era conocida por un trío de deidades femeninas algo diferente. Macha, Badb y Nemain eran vistas como hermanas, o a veces como aspectos hermanos de la misma deidad. Macha también era conocida como el cuervo, lo que también la relacionaba con la reina cuervo. Sin embargo, también se la asociaba comúnmente con los cuervos y los caballos. Al igual que su hermana cuervo, Macha aparecía en el campo de batalla disfrazada de ave, influyendo en la batalla de varias maneras.

Otra referencia a las diosas triples eran los tres aspectos de Macha. Tenía un elemento maternal y reproductivo, elementos rurales a menudo asociados con la naturaleza y un elemento de fertilidad sensual. Estas tres partes se unían para formar una diosa madre que protegía a su pueblo en tiempos de guerra y le proporcionaba sustento y protección para el resto de su vida. Por su labor en estos ámbitos, también es posible que Macha fuera miembro de la antigua tribu celta Tuatha Dé Danann, todos los cuales tenían habilidades sobrenaturales y dependían de la naturaleza para mantenerse en vida.

# Nemain

En irlandés, la palabra "nemain" significa frenesí, lo que es claramente ilustrativo del tipo de papel que tenía esta diosa en el panteón celta. Se decía que esta deidad femenina de la guerra vigilaba la batalla con una furia intensa, lo que contradice los atributos calculadores con los que se caracteriza a la Morrigan. Por esta razón, es probablemente una de las diosas irlandesas menos conocidas. Sin embargo, tenía algunas otras cualidades en común con las otras apariencias de Morrigan. Por ejemplo, nunca luchaba en una batalla, sino que influía en su resultado por otros medios. Se sabe que elegía un bando y luego intimidaba a la otra parte con chillidos que helaban la sangre y una presencia aterradora en general, como lo haría el cuervo o una banshee. Aunque solo utiliza su voz característica, Nemain también podría hacerse visible si lo deseara. Ha sido la anunciadora de la muerte, y verla sembraría el pánico en las líneas enemigas. El grito de muerte de Nemain podía predecir la desaparición de todo un ejército en el campo de batalla e incluso la masacre del resto del clan por parte del enemigo. Poderosos guerreros han caído muertos del susto al escuchar su chillido, por lo que, en cierto modo, esta era una herramienta añadida a su arsenal mortal. Utilizando esta habilidad como arma, era capaz de proteger a los soldados y a los miembros civiles del clan que ella eligiera, siempre y cuando ellos la honraran a cambio. También puede haberse aparecido a las almas de los difuntos, dirigiéndolas hacia el otro mundo.

# La lavandera del vado
## (The Washer at the Ford)

Aunque se decía que ver a la lavandera del vado antes de una batalla era un mal presagio, la Morrigan en esta apariencia tenía un papel mucho mayor que el de ser simplemente un presagio de muerte. En esta animación, aparecía como una joven doncella que lavaba las armaduras y las armas de aquellos destinados a perder la vida en la batalla que se avecinaba. También intentaba disuadir a los guerreros de luchar afirmando ser la hija de un rey que les ofrece muchas riquezas si hacen la paz. En otras ocasiones, ofrecería su amor a cambio de su protección durante el combate. Aunque en estas ocasiones se la veía como una joven o una mujer, se transformaba fácilmente en una vieja bruja que impartía sabiduría y concedía el don de la fertilidad en todos los ámbitos de la vida. Aquellos que eran capaces de reconocerla como la encarnación de la diosa recibían de ella la soberanía y la bendición. Sus campos estaban siempre llenos de cosechas nutritivas, sus animales estaban protegidos de las enfermedades y sus propias vidas estaban aseguradas durante el combate. Por otro lado, aquellos que no la veían como la deidad de la guerra eran maldecidos en esos mismos aspectos fundamentales. Los guerreros y gobernantes que desobedecían sus deseos eran castigados con la pérdida de una batalla, la muerte o la caída de su tribu ante la supremacía de sus enemigos.

## La Gran Reina Fantasma

No hay muchos registros o incluso mitos sobre la aparición de Morrigan como la Gran Reina Fantasma. Algunos creen que la razón es que era una metamórfica tan poderosa que determinar su apariencia o papel era casi imposible. A veces, aparecía como un cuervo negro, anunciando la muerte a quienes la veían. Otras veces, intentaba disuadir a las partes enfrentadas de entrar en el campo de batalla apareciendo como una hermosa mujer ante ellos. Aquellos que la rechazaban y hacían caso omiso de sus súplicas sufrían graves consecuencias durante una batalla. Una vez concluida la batalla, volvía a aparecer, pero esta vez en forma de mujer vieja y demacrada con heridas en el cuerpo, lamentando todas las vidas que se habían perdido durante la guerra. Esto también implicaba que ella misma había participado en la batalla, a pesar de que nadie la había visto luchar.

## La Reina de las Hadas

El folklore de la encarnación de Morrigan como Reina de las Hadas ha sobrevivido hasta los tiempos modernos debido a su importancia para los paganos. Para ellos, esta poderosa figura femenina representa mucho más que una simple figura mítica. En sus corazones, la Reina de las Hadas ha trascendido las fronteras entre la guerra y el amor, la vida y la muerte, por los poderes naturales y sobrenaturales. Se la honra durante Beltane y Samhain por las bendiciones que concede para la temporada de la cosecha. Las hadas han sido un elemento común en la tradición celta desde la antigüedad. Se las veía como criaturas algo traviesas, pero sin embargo dispuestas a ayudar a los humanos si les pedían protección, guía o curación. En Irlanda, se dice que viven en los montículos de las hadas, también conocidos como la tierra de los espíritus. Como Reina de las Hadas, la Morrigan puede cruzar a su reino a través de masas de agua, cámaras funerarias, túmulos y otros elementos naturales del paisaje.

Al cruzar los montículos de las hadas, puede comunicarse con espíritus como los Síth y pedir su ayuda para socorrer a los humanos y a otras criaturas de la naturaleza. Se cree que ella conduce a estas hadas a través de la tierra alrededor de Samhain y Beltane, cuando el velo entre los mundos se vuelve delgado. Juntas acuden en ayuda de los humanos, protegiéndolos a ellos, a sus animales y a las cosechas de los espíritus malignos que también pueden cruzar los reinos en esta época.

## La reina cuervo

Al igual que muchos otros aspectos de la Morrigan, nunca se ha visto a la reina cuervo participando en batallas. De hecho, se dice que ni siquiera se preocupa por las luchas de la humanidad entre la ley y el caos, ni se alinea con el lado del bien o del mal. Como diosa de la muerte, se limita a custodiar y guiar las almas de los que han muerto. Ella ayuda a todos en la transición del reino mortal al espiritual. Incluso les ayuda a iniciar su viaje hacia el mundo exterior si es necesario. La gente también le pide que proteja las almas de sus seres queridos fallecidos de los espíritus malévolos que se sabe que roban y se alimentan de almas mortales inocentes. La reina cuervo tiene un gran respeto por los procesos naturales de la vida y la muerte y espera el mismo respeto de sus seguidores. Aquellos que no la respeten se enfrentarán a menudo a graves consecuencias. Y aunque tampoco le preocupa el tiempo que un alma habita en un cuerpo antes de llegar a ella, hace todo lo posible para facilitar el paso del alma. Se dice que a menudo asiste a los que han sufrido una muerte violenta a una edad temprana.

# Doncella, Madre, Anciana (diosa triple)

Tras su fama como deidad de la guerra, el segundo aspecto reconocido de Morrigan es el de diosa triple. El número de interpretaciones de esta icónica trinidad en el antiguo papel irlandés es demasiado numeroso para contarlo. Las creencias modernas del paganismo y el neopaganismo quizá ofrezcan una imagen más clara de los papeles de estas deidades femeninas. Según estas, la Doncella es representada como una joven - muy probablemente virgen - que aún no ha despertado a su naturaleza femenina. Llena de ideas juveniles, el paso a la feminidad le resulta encantador. Como tal, puede traer un nuevo comienzo, especialmente en torno a la fase creciente del ciclo lunar.

Representando la siguiente fase de la vida de una mujer, la Madre se convierte en la diosa de la fertilidad, que aporta abundancia, crecimiento, sabiduría y realización en todos los ámbitos de la vida. Su poder es mayor en la época de la luna llena, especialmente en primavera y a principios del verano, cuando hace que la tierra sea fértil. Por último, en su aspecto de Anciana, se convierte en una vieja increíblemente sabia, deseosa de compartir sus conocimientos con la siguiente generación. Actúa como guía en tiempos oscuros, incluyendo la muerte y la pérdida. En esta encarnación, es más poderosa durante la fase menguante de la luna y vigila la tierra helada durante el invierno.

Este triple aspecto de la Morrigan se utiliza a menudo como ejemplo de cómo las sociedades antiguas veían a las mujeres, y según muchos, esto puede seguir aplicándose en los tiempos modernos. Al fin y al cabo, las doncellas siguen siendo veneradas, las madres siguen siendo honradas y las ancianas siguen siendo apartadas. Sin embargo, hoy en día, cada vez más mujeres intentan reclamar el último papel por toda la sabiduría que promete. Piden a la Morrigan que les ayude a abrazar y celebrar sus últimos años de vida en lugar de permitir que las generaciones más jóvenes las aparten.

## Anand

Anand es la última del trío de hermanas llamadas Macha, Badb y Anand. Sin embargo, a diferencia de sus hermanas, también se dice que es la madre de los dioses celtas. Esta caracterización de ella proviene probablemente de la misma fuente que afirma que los Tuatha Dé Danann eran una tribu de dioses y no solo humanos con habilidades sobrenaturales. Esto también coincide con la representación de Morrigan como la madre en su famoso aspecto triple. Al igual que Morrigan, Anand también es honrada como la diosa de la soberanía y la doncella de la fertilidad, el segundo de los triples aspectos de Morrigan. Cualquiera que deseara obtener el poder legítimo sobre la tierra de su tribu debía casarse con Anand. También se dice que tiene habilidades para cambiar de forma y a menudo era simbolizada por el caballo, al igual que su hermana Macha.

# Ériu, Banba y Fódla
# (diosas de la tierra irlandesas)

Ériu, y sus hermanas Banba y Fódla, formaban un trío de poder femenino muy influyente en la antigua Irlanda. Estaban casadas con tres jefes de los Tuatha Dé Danann, y sus maridos eran todos nietos de Dagda, el primer líder de esta tribu sobrenatural. Su número y su probable procedencia de esta antigua tribu son sus únicas conexiones con las otras apariencias de la Morrigan. Aunque Ériu, Banba y Fódla no tenían tanto poder como su marido, estas mujeres demostraron un increíble valor y un intenso deseo de defender su tierra.

También tenían una conexión muy fuerte con la naturaleza y podían recurrir a su poder siempre que cualquiera de su tribu necesitara su magia curativa. Cuando los Tuatha Dé Dannan sucumbieron finalmente a las fuerzas enemigas, estas diosas de la tierra tenían una petición especial que hacer a las filas de su enemigo. Si los nuevos gobernantes accedían a dar a la tierra el nombre de los Tuatha Dé Danann, las diosas les concederían muchas bendiciones, asegurándoles una buena cosecha y muchas riquezas naturales. Como fue a Ériu a quien el enemigo escuchó primero, llamaron al territorio Ériu-land en su honor, y ella ha estado concediendo las bendiciones desde entonces.

# Danu (diosa de la Tierra)

Aunque gran parte de su origen sigue siendo un misterio, lo más probable es que Danu sea la homónima de los Tuatha Dé Danann, la primera tribu celta que se dice que habitó en Irlanda. También venerada como la diosa Madre, Danu fue una figura ancestral influyente para los celtas. Debido a sus orígenes nobles y posiblemente sobrenaturales, ejercía un inmenso poder, algo que también proporcionaba a su descendencia. No solo eso, sino que consideraba necesario mantener una buena relación con la nobleza y los gobernantes de Irlanda, concediendo a menudo regalos a los de nacimiento aristocrático. Para ayudarles a mantener su soberanía, Danu solía obsequiar a los reyes y jefes de Tuatha Dé Danann con talentos extraordinarios. Estos gobernantes solían tener un nivel de creatividad inusualmente alto y eran hábiles en varias actividades de la vida cotidiana.

Se dice incluso que Danu inculcó la sabiduría para gobernar a otros dioses del panteón celta. Dado que los Tuatha Dé Danann emigraban a menudo de un territorio a otro, pedían a Danu que les proporcionara abundantes y exitosas cosechas dondequiera que fueran. Algunas fuentes se refieren a ella como la diosa del viento y la tierra, que bendice todas las cosas de la vida. En este papel, se la relaciona con los túmulos de hadas donde se comunicaba con ellas, lo que muchos dólmenes irlandeses aún pueden autentificar.

La relación de la diosa madre con la naturaleza se extendía a los ríos, permitiendo que estas masas de agua nutrieran a todas las criaturas en muchas partes del mundo celta. Gracias a estas aguas, el exuberante verdor de Irlanda sigue siendo tan impresionante como se dice que era hace siglos. También se teoriza que el Danubio - uno de los ríos más largos de Europa - recibe su nombre de Danu.

Aunque Danu rara vez estaba presente en los escasos registros escritos que se obtuvieron sobre la vida de los celtas, está bastante viva en varias tradiciones neopaganas. En ellas, es venerada como la diosa triple, una clara asociación con las otras identidades de la

Morrigan en todo el lore irlandés. Debido a sus versátiles poderes, Danu puede utilizarse en diversas prácticas y es una excelente opción a la que pueden recurrir las brujas principiantes.

# Capítulo 2: La Morrigan en el mito celta

La Morrigan se considera sin duda uno de los arquetipos más influyentes y misteriosos de la tradición y la mitología celtas. La fantasma, o Gran Reina, que es una de las implicaciones de su nombre, siempre ha sido representativa de conceptos como la muerte, el destino y la guerra. Como ya sabe, Morrigan era una ingeniosa metamórfica que adoptaba la forma adecuada para los mensajes que llevaba. Cuando aparecía como un cuervo negro justo antes de la batalla, los que tenían la desgracia de verla sabían que no tenían suerte.

Aunque la Morrigan es exclusiva de la mitología celta e irlandesa, se han encontrado figuras similares en otros registros de la tradición celta. Por ejemplo, Morgan le Fay, que aparecía como una gran enemiga o adversaria en la leyenda artúrica, compartía múltiples características con la Morrigan. Ambas figuras aparecieron como profetas y seres que cambian de forma y que emergen en diversas manifestaciones. Muchos estudiosos sugieren también que los nombres de la Morrigan y de Morgan le Fay tienen la misma raíz etimológica. Sin embargo, ambos nombres tienen definiciones totalmente diferentes en galés e irlandés, lo que significa que no hay pruebas suficientemente sólidas para corroborar la conexión (cuando se trata del nombre, al menos).

La figura de la diosa soberana de la mitología irlandesa también comparte varios atributos con la Morrigan. Por ejemplo, las figuras de la diosa son representadas como un conducto para el gobierno y la tierra de Irlanda. En otras palabras, la diosa de la soberanía se asocia con la fertilidad, que es un símbolo de la prosperidad y la fertilidad de Irlanda y su tierra. Del mismo modo, la Morrigan está muy asociada a las vastas tierras de Irlanda, especialmente a las que fueron nombradas en su honor, según el *Dindshenchas*. El *Dindshenchas* se traduce a grandes rasgos como el "tradición de los sitios". Incluye historias de cómo se nombraron los diferentes lugares de Irlanda.

Muchos estudiosos sugieren que la Morrigan también está asociada con la banshee, o *bean sidhe*, que es una figura prominente en el folklore irlandés. La banshee es una figura que puede predecir la muerte de miembros de la familia. Se la reconoce por sus fuertes gemidos, lamentos y chillidos. La Morrigan también se caracteriza por sus chillidos amenazantes cuando está en presencia de la muerte. Se cree que la Morrigan fue una inspiración para la *bean sidhe* o que la banshee procede de la misma tradición oral que ella.

La Morrigan no solo guarda similitudes con otras figuras del mundo celta, sino que también tiene vínculos con arquetipos de otras mitologías. Por ejemplo, las valquirias (un grupo de mujeres que determinan quiénes viven y quiénes mueren en la batalla) son figuras de la mitología nórdica antigua que guardan un parecido con la Morrigan. Aparecen en uno o en tres, siendo el tres el denominador común y muy significativo. También tienen capacidades adivinatorias o proféticas y están asociadas a los pájaros. Algunos estudiosos sugieren que las Morrigan, las Valkirias y otras figuras mitológicas femeninas encarnan un increíble poder y fuerza de carácter y representan el ciclo completo de la vida. Pueden dar vida dando a luz y pueden quitarla, ya que pueden determinar quién muere en la batalla. A lo largo de la mitología celta y de otras mitologías antiguas similares, la diosa o figura femenina parece estar al tanto de forma natural de los destinos de los hombres.

Morrigan sigue siendo relevante a día de hoy debido a su aclamación en el mundo de la cultura popular. Es una figura habitual en los medios de comunicación pop y ha hecho su aparición en numerosos cómics, incluidos los de Marvel Comics, series de televisión y videojuegos.

En el capítulo anterior se presentó a Morrigan como diosa celta única y como diosa triple, sin entrar en demasiados detalles. En este capítulo, sin embargo, podrá ver cómo se desarrollan los rasgos y las manifestaciones de la diosa en la tradición y los mitos celtas.

# La batalla de Magh Tuireadh
## (Cath Maige Tuired)

El Cath Maige Tuired es una de las piezas mitológicas más significativas en lo que respecta a la información disponible sobre las deidades irlandesas y cómo vivían en las antiguas tierras, que comprenden la actual Irlanda. Narra una guerra o batalla que tuvo lugar entre los fomorianos y los Tuatha Dé Danann en relación con los derechos para gobernar Irlanda. Una de las deidades más importantes resulta ser la Morrigan, que desempeña un papel vital, especialmente a través de su poesía y sus poderes mágicos, en la rebelión que se llevó a cabo contra los fomorianos.

Aunque su papel en la mitología es difícil de precisar, teniendo en cuenta que las traducciones al inglés del texto recortan partes importantes de su diálogo, su poderoso papel sigue siendo innegable. Lamentablemente, las traducciones transmiten una impresión inexacta de su comportamiento y acciones; sin embargo, cuando se lee en el idioma original, el papel que asume la Morrigan tiene una sustancia mucho mayor, y los matices en las descripciones se perciben fácilmente, aunque el idioma inglés no logra transmitir algunos matices cruciales. Teniendo en cuenta sus dos apariciones, pretendemos transmitir la importancia de sus esfuerzos y acciones en la batalla. En este caso, empleó sus habilidades mágicas para impulsar la lucha de los Tuatha Dé Danann contra los fomorianos, además de utilizar sus exitosas intenciones para llevarlos a la victoria antes de presentar finalmente una doble profecía sobre los destinos de las personas que componen ambos bandos.

## Las batallas

El ciclo mitológico de la mitología irlandesa comprende dos textos de sagas conocidos colectivamente como el *Cath Maige Tuired*. Esta obra es una pieza de referencia que narra dos batallas diferentes que tuvieron lugar en Connacht. La primera tuvo lugar en el territorio de los Conmhaícne Cúile Tuireadh, situado cerca de Cong, en el condado de Mayo, en Irlanda. En Irlanda, la segunda batalla tuvo lugar cerca de Lough Arrow, en el condado de Sligo. Los Tuatha Dé Danann libraron la primera batalla contra los Fir Bolg, y la segunda batalla la libraron los Tuatha Dé Danann contra los fomorianos.

En la primera batalla de Cath Magie Tuired, se dice que la Morrigan y sus hermanas, Macha y Badb, utilizaron su magia y sus hechizos para influir en la batalla, y su hechicería dejó a los Tuatha Dé triunfantes, permitiéndoles construir una fuerte base en Irlanda. Sin embargo, no pasó mucho tiempo antes de que los fomorianos, que resultaron ser mucho más difíciles de derrotar, arrasaran las tierras de Irlanda, buscando establecer su propio punto de apoyo. El Dagda buscó la ayuda de una de sus esposas, la Morrigan, mientras los Tuatha Dé se preparaban para partir a la batalla contra los fomorianos. Necesitado de una profeta, el Dagda la encontró finalmente en la orilla de un río, donde tuvieron relaciones sexuales. Cuando terminaron, la Morrigan miró al futuro y vio que los Tuatha Dé Danann saldrían victoriosos de la batalla. Sin embargo, advirtió que esta victoria tenía el precio de una masacre.

Los dioses irlandeses se reunieron y se prepararon para luchar contra la asamblea de fomorianos. Naturalmente, preguntaron a Morrigan qué elementos útiles podía aportar a la batalla. Ella respondió crípticamente, diciendo que todo lo que decidiera seguir se convertía en un objetivo de caza. La batalla no tardó en convertirse en un baño de sangre. Solo terminó cuando la Morrigan instigó la sed de asesinato y sangre mientras gritaba a los Tuatha Dé Dannan, haciendo que los fomorianos huyeran y se desvanecieran en el mar.

### Cath Maige Tuired Cunga- La Primera Batalla de Moytura

La Morrigan aparece por primera vez en la tradición de la Primera Batalla de Moytura, o la Cath Maige Tuired Cunga, en una rivalidad entre los Tuatha Dé Danann y sus partidarios y los Fir Bolgs, que eran indígenas de las tierras.

Nuanda, el rey de los Tuatha dé Danann, pidió que se le diera la mitad de las tierras, a lo que Eochaid, el rey de los Fir Bolg, se negó. Esto se convirtió rápidamente en la batalla de Moytura. Streng, una importante figura del Fir Bolg, desafió a Nuanda a un combate uno a uno, durante el cual cortó la mano derecha de Nuada. Aunque esto se consideró un triunfo de algún tipo, su felicidad se vio truncada cuando la Morrigan mató al rey de los Fir Bolg.

### Cath Maige Tuired- La Batalla de Moytura

La Morrigan hizo apariciones recurrentes en el relato para llevar a los Tuatha Dé Danann a la batalla, esfuerzo que consiguió. Sus esfuerzos por suscitar una buena lucha fueron especialmente evidentes cuando su participación era necesaria para garantizar la victoria. Por ejemplo, apareció para empujar a Lugh a luchar después de que este se armara. Se dice que apareció frente al ejército en actitud belicosa, justo cuando los guerreros habían jurado acabar con Indech, el rey fomoriano. También apareció en medio de la batalla para animar a los Tuatha Dé Danann, lo que fue el punto de inflexión para que se levantaran y reclamaran su triunfo.

Cada vez que aparecía, sus exhortaciones eran directas, redactadas con fuerza y cuidado, y persistentes. Hizo promesas de herir al rey de los fomorianos, Indech, utilizando sus poderes mágicos. Ella tomó su ardor de batalla y trajo su sangre al ejército. La magia que ella lanzó durante la batalla final contribuyó significativamente a la muerte de Indech. Al final de la batalla, la Morrigan predijo destinos tanto negativos como positivos para el mundo, asegurando que su propio bando saldría triunfante.

Si se echa un vistazo al texto irlandés del lore y a sus traducciones literales, se encontrará que la Morrigan es un motivador esencial en la batalla. Su papel era evidente tanto por su participación activa como por su incitación y estímulo literal. Los textos incluso terminan con sus palabras adivinatorias, lo cual es apropiado, teniendo en cuenta el papel excepcional que desempeñó en el resultado victorioso de su pueblo.

## Los poemas

Hay tres poemas asociados a la Morrigan, que se encuentran al final de la saga Vath Maige Turid. El primero se sitúa justo antes de la batalla principal, mientras que los otros dos se sitúan después de que esta termine, marcando el final de toda la saga.

Los poemas están creados en una forma de poesía muy antigua: el roscaid. No tiene factores de rima y no es métrica. Muchos estudiosos sugieren que el roscaid es tan antiguo que puede ser anterior a los registros escritos de la lengua irlandesa. Los poemas escritos en esa forma tienen aliteración conectiva, que es quizás el único elemento consistente en estos poemas. Cuando las palabras (o la palabra) que se encuentran al final de un verso aliteran con las palabras (o la palabra) que se encuentran al principio del verso siguiente, esto se llama aliteración conectiva. Este enlace continuo permite utilizar la imaginería establecida por una línea para crear la utilizada en la siguiente. Aunque se trata de una forma de arte muy inteligente, puede ser increíblemente agotador traducirlo. Los verbos, o la falta de ellos, la sintaxis y las palabras perdidas hace casi imposible transmitir los mismos significados o mantener el flujo poético al traducirlos del irlandés al inglés.

Lo increíble de estos poemas es que incluso cuando se extraen del texto en prosa que los rodea, siguen formando un texto propio. Algunos académicos creen que toda la saga se concibió inicialmente en este formato de versos sueltos. La estructura y la redacción del poema se han conservado en la antigua lengua irlandesa. Desgraciadamente, al ser tan arcaica y, por tanto, poco clara, los narradores modernos de los poemas se ven obligados a seguir añadiendo prosa para garantizar una mejor entrega y un significado más claro.

El primer poema se cuenta en tiempo presente y sirve de narración en vivo de la batalla. Este poema se concentra en los relatos de los preparativos que se llevaron a cabo antes de la batalla y los siguientes efectos adversos de la lucha. El segundo poema es la penúltima parte de la saga. Es un maravilloso relato clásico que retrata una visión de prosperidad, abundancia y paz eternas. Este poema es quizás una imagen contrastada del primero. El tercer poema, escrito en tiempo futuro, destaca la prosa como visión y equilibra el poema anterior.

# Táin Bó

El Táin Bó, que puede traducirse como el robo del toro, es uno de los géneros o piezas más destacados de la primera literatura irlandesa. Las obras literarias irlandesas fueron divididas especialmente por los académicos medievales en géneros como el Táin Bó, que es el el robo del toro, el Feis o Fled (la Fiesta), el Echtra, que se traduce en Aventura, el Imram o el Viaje, el Tochmarc, que significa el Cortejo, el Aided, que significa Muerte, y finalmente el Compert (Concepción). Hoy en día, estos "géneros" se conocen más comúnmente como ciclos literarios.

## Los Táin

Táin Bó Cúailnge, que significa "El robo del toro de Cuailnge", es una de las piezas más populares de la tradición irlandesa. También fue especialmente conocido entre el público literario del periodo comprendido entre los siglos XI y XIV. El Táin Bó Cúailnge es también la historia principal del Ciclo del Úlster. Se cree en gran medida que este cuento era bien conocido en la literatura oral antes de que fuera puesto por escrito por los grabadores de la cristiandad medieval.

Existen otros numerosos tána, o táin múltiples, que también fueron traducidos al español. Otros, sin embargo, son conocidos simplemente por sus nombres. Estos tána incluyen Táin Bó Flidaise (El robo del toro de Flidais), Táin Bó Aingen o Echtra Nerae (El robo del toro de Aingen), Táin Bó Dartada (El robo del toro de Dartaid), Táin Bó Fraích (El robo del toro de Fráech), Táin Bó Regamna (El robo del toro de Regamain), Táin Bó Regamon (El robo del toro de Regamon), Táin Bó Ere, Táin Bó Munad, Táin Bó Ros, Táin Bó Ruanadh y Táin Bó Sailin.

Es probable que en la antigua Irlanda fuera tradición recitar varios relatos cortos antes de contar El Gran Táin y otros cuentos igualmente largos. Por ello, muchas personas consideran erróneamente que estas piezas, que son meros preludios, son una parte del verdadero Táin Bó Cúailnge. Esto es especialmente cierto en el caso de los documentos escritos, debido a su naturaleza estática y vinculante.

### Cú Chulainn y la Morrigan

Los relatos de Táin Bó Regamna y Táin Bó Cuailnge, que vamos a tratar, giran principalmente en torno a Cú Chulainn y sus interacciones con las Morrigan. Cú Chulainn, también conocido como Cuchullin, Cúchulainn y Cuchulain, es una de las figuras más destacadas de la literatura irlandesa medieval. Cúchulainn es el protagonista del Ulaid o Ciclo del Úlster. También se le considera el mejor caballero de la Rama Roja, que es el nombre de los guerreros leales a Conchobar mac Nessa. Se cree que Conchobar mac Nessa, o Conor, era el rey de los ulaides que habitaban la parte noreste de Irlanda durante el inicio del siglo I a. C.

Cú Chulainn, que supuestamente nació con el nombre de Setanta, era hijo de Lugh "del brazo largo" y Dectera. Las habilidades y la maestría de Cúchulainn se perfeccionaron gracias a sus dones especiales, que incluían tener siete pupilas en cada uno de sus ojos, siete dedos en cada uno de sus pies y siete dedos en cada una de sus manos. Cú Chulainn era especialmente favorecido entre las deidades del panteón, por lo que escapó a la maldición de la debilidad cíclica que se abatió sobre todos los hombres del Úlster. Comparado con otros grandes héroes y figuras de la historia, como Aquiles de Grecia, Cúchulainn era capaz de realizar hazañas, tareas y trabajos extraordinarios. Cuando se enfurecía, el heroico Cú Chulainn adoptaba las características de los berserkers de Escandinavia, convirtiéndose en una bestia deforme fuera de control. El Táin Bó Cuailnge, o el robo del toro de Cuailnge, con solo 17 años, dejó constancia de su singular y heroica protección del Úlster contra Medb (la reina de Connacht) y sus fuerzas. Según la tradición, Cú Chulainn fue desgraciadamente engañado por sus adversarios y atraído a una batalla injusta que le hizo morir a la edad de 27 años.

### Táin Bó Regamna- El robo del toro de Regamna

La Morrigan desempeñó un gran papel en el ciclo de cuentos del Úlster, tanto como figura servicial como enemiga de Cú Chulainn, el protagonista del cuento. En el robo del toro de Regamain o Táin Bó Regamna, Cú Chulainn asalta a una anciana montada en una vaca, expulsándola de su territorio, cuando la mujer se transforma en un cuervo, lo que le hace caer en cuenta de algo muy importante: la transformadora es, en realidad, la Morrigan. Para su desgracia, la Morrigan castiga a Cú Chulainn porque debería haber sido más sabio en sus acciones si hubiera sabido quién era ella. La Morrigan decide que predecir su presencia en la muerte de Cú Chulainn en el Táin Bó Cúailnge sería un castigo adecuado.

## Táin Bó Cúailnge- El robo del toro de Cooley

Después, en el Táin Bó Cúailgne, la Morrigan se presenta como un cuervo para advertir al Toro Pardo de Cooley. Le aconseja que abandone el Úlster antes de que la reina Medb de Connacht lo asedie. Mientras Medb se abría paso hacia el norte de la tierra, los hombres del Úlster fueron envenenados por una maldición inminente. Todos, excepto Cú Chulainn, se vieron afectados, por lo que se le dejó defender las fronteras del Úlster por su cuenta.

Mientras se encontraba en un descanso de la batalla, una joven doncella, la Morrigan, intentó seducirle, pero él consiguió contrariarla al negarse a dejarse llevar por su increíble belleza y rechazarla. Esta acción tuvo un resultado predecible, y Morrigan se puso furiosa. Tan pronto como él volvió a la batalla, ella aprovechó todos sus poderes, transformándose en una anguila para hacer tropezar a Cú Chulainn mientras luchaba frente a un fiordo. Él pudo recuperarse rápidamente. Sin embargo, atacó a la anguila y le rompió las costillas. La Morrigan se transformó en lobo, lo que asustó al ganado y lo hizo entrar en la batalla y dirigirse hacia Cú Chulainn. Este utilizó una honda para protegerse, por lo que cegó al lobo, o a la Morrigan, en un ojo. La Morrigan se transformó entonces en una novilla y volvió a cargar contra él. Sin embargo, el héroe irlandés utilizó otra honda y rompió la pierna de la Morrigan. Derrotada, la Morrigan se vio obligada a retirarse.

Poco después de su gran victoria, Cú Chulainn se encontró con una anciana que estaba ordeñando una vaca. La mujer tenía las mismas heridas que las que había infligido anteriormente al ejército de animales que tuvo que combatir durante la batalla; costillas rotas, un ojo ciego y una pierna rota. Estaba muy claro que la Morrigan se había transformado una vez más. Sin embargo, las heridas no habían llamado la atención de Cú Chulainn. Ofreciéndole tres tragos de su vaca, el héroe aceptó con gusto y la bendijo con cada sorbo que tomaba. Las heridas de la mujer se curaron con cada bendición que pronunció Cú Chulainn. Después de curarse por completo, la Morrigan apareció en su verdadera forma de diosa. Se levantó y le recordó todo lo que había hecho para insultarla. Luego, le advirtió que su muerte llegaría pronto antes de que ella se fuera.

Poco antes de que Cú Chulainn fuera asesinado, la Morrigan apareció una vez más frente a él. De camino a la batalla, se topó con una mujer que lavaba la sangre de la armadura. Seguramente era un presagio de la perdición que le esperaba. En otra batalla con el ejército de la reina Medb, la profecía de la Morrigan se hizo realidad. Cú Chulainn fue herido de muerte. Se ató voluntariamente a una roca a pesar de sus intensas y profundas heridas. Este movimiento insensato fue en un esfuerzo por asustar a sus enemigos. También se sugiere que sabía que acabaría muriendo, por lo que juró morir mientras se levantaba, engañando a sus enemigos para que creyeran que seguía vivo. Nadie supo que había muerto hasta que un solo cuervo negro, que era la Morrigan, se posó en el hombro de Cú Chulainn, significando su muerte.

Durante siglos, Morrigan ha permanecido entre las figuras más influyentes y prominentes de la literatura y la tradición irlandesa. El arquetipo ha desempeñado un papel importante al ayudar a su pueblo a salir victorioso de las batallas. Sus poderes también la convirtieron en enemiga de una de las figuras más poderosas de los ciclos literarios irlandeses, llevándolo a su perdición.

# Capítulo 3: Animales y símbolos sagrados

En la mitología celta, generalmente se creía que los animales simbolizaban la vitalidad y la fertilidad porque suelen ser animados de sangre caliente y respiran, se mueven, crecen y se reproducen. Muchos de los animales que se habían domesticado eran una fuente de alimento y una fuente útil de materiales utilizados para fabricar ropa y herramientas. Cada parte del animal tenía alguna utilidad; la piel se utilizaba para el atuendo y los huesos eran utilizados por las tribus para fabricar herramientas. Son un símbolo de la continuación de la vida. También se creía que ciertos animales eran el conducto hacia el reino espiritual y la tierra de los dioses. Esta increíble conexión se ilustra durante su uso en la caza, en la que se buscaba la sabiduría, el conocimiento y los secretos.

Al igual que cualquier otra deidad de la mitología irlandesa, La Morrigan está estrechamente vinculada con varios conceptos, objetos, animales y símbolos. Cada asociación explora y explica una faceta diferente de esta diosa. Al familiarizarse con cada asociación, se familiariza más con la propia diosa. Esto reforzará su conexión con ella y facilitará una mejor comunicación con ella durante las oraciones o los rituales.

# Animales sagrados

La Morrigan y sus tres hermanas están unidas o relacionadas con varios animales. Las grandes reinas están asociadas a siete animales que eran las apariciones más comunes utilizadas por la Morrigan: el cuervo grande, la corneja, el caballo, el lobo, la anguila, la serpiente y la vaca. Ella se transformó en estos animales en varias ocasiones, y cada circunstancia la hizo aparecer en una forma apropiada. Todas las formas elegidas transmitían diferentes significados y se utilizaban en situaciones específicas para enviar mensajes o lograr una tarea.

Para comprender plenamente los significados que hay detrás de las formas que adoptó la diosa, debemos explorar el significado que cada uno de sus animales sagrados tenía en la cultura irlandesa. Como recordará del capítulo anterior, la Morrigan se transformó en un cuervo en el cuento de Tain Bo Regamna. Badb tomó la forma una corneja en el cuento del Albergue de Da Derga. Aunque ambos son mirlos, hay una diferencia entre ellos tanto física como simbólica: los rasgos distintivos del cuervo son su pico más grueso y su cola redondeada. Las cornejas son más pequeñas y tienen la cola recta. En el capítulo anterior también se trató la aparición de la Morrigan en el Tain Bo Cúailgne, donde se transformó en novilla, anguila y lobo durante su discusión con Cu Chulain. Macha también tiene importantes vínculos con las cornejas, así como con los caballos. He aquí un desglose más detallado de estos animales y sus asociaciones con la diosa:

### Cuervo y corneja

Los cuervos y las cornejas son miembros de la familia Corvidae. Como se alimentan de carroña, los guerreros celtas (y la gente en general) empezaron a asociarlos con la muerte y el presentimiento. Además de ser mensajeros de la muerte, los cuervos y las cornejas se consideraban mensajeros de lo divino, ya que estaban a caballo entre el mundo de los vivos y el de los muertos. Los cuervos también simbolizaban la guerra y la profecía, pues se alimentaban de carroña y eran atraídos por los campos de batalla. Se encontraron cuervos impresos en antiguas monedas y armaduras irlandesas. Los estudiosos también encontraron los huesos del ave en los lugares de depósito de sacrificios junto a los antiguos celtas.

A lo largo de la historia y de la literatura mitológica, el cuervo siempre ha sido conocido como símbolo o presagio. Los antiguos creían que siempre que había un cuervo cerca, sus llamadas, su comportamiento y su dirección de vuelo podían observarse e interpretarse como un mal presagio. Por ejemplo, si alguien está a punto de comenzar una nueva tarea y aparece un cuervo, es una señal muy fuerte de que el empeño no tendrá un final feliz. Los cuervos que aparecían cerca de las casas también eran símbolos de muerte. Sin embargo, si un cuervo volaba hacia el lado derecho de una persona y clamaba, siempre que tuviera blanco en las alas, se interpretaba como un signo de buena suerte.

Según los académicos, la mayor parte de la tradición irlandesa que rodea al cuervo también está adoptada por la mitología nórdica, lo que representa la influencia de los vikingos. La Morrigan no es la única deidad irlandesa asociada al cuervo. Otras numerosas figuras, incluido el rey guerrero Lugh, también están vinculadas de forma destacada con el ave. El cuervo se considera una personificación de la muerte y se pensaba que podía viajar entre el mundo físico, el otro mundo y el reino de los muertos. Su importancia como pájaro de mal agüero quizá provenga del hecho de que está fuertemente vinculado a los presagios de la fatalidad.

En la mitología irlandesa, la corneja tiene asociaciones ligeramente diferentes y se cree que representa tanto los buenos como los malos augurios. Badb era conocida comúnmente como Badb Catha, que se traduce como corneja de batalla o Badb de batalla. Se creía que ella, y las Morrigan, se transformaban de la forma humana a la forma de cornejas. La tercera hermana, Macha, también está vinculada a las cornejas. Su nombre tiene varios significados, uno de los cuales es cuervo de Royston, que es un término antiguo para la corneja cenicienta.

La Morrigan toma la forma de cornejas a menudo para señalar a los que van a morir en el campo de batalla. A la muerte de Cú Chulainn, La Morrigan se transformó en corneja y se posó en su hombro. La corneja cenicienta se diferencia de los otros tipos de cornejas en que no es totalmente negro. Su pecho, cola, cabeza y alas son negras, pero todo lo demás es gris. Esto hace que sea fácil distinguirlos de sus homólogos de color negro sólido. Las cornejas cenicientas son una visión muy común en las islas Shetland, donde la mitología afirma que se creía que los cuervos negros sólidos señalaban la inanición que se avecinaba. Al igual que los cuervos, se creía que las cornejas eran presagios de desastre o muerte. Ver una corneja cenicienta en la zona se consideraba un símbolo de mala suerte en el condado de Clare porque se creía que el Badb, el bando de la banda, las hadas y las brujas se transformaban en estas aves.

### Lobos

Mucho antes de que aparecieran en Irlanda, los lobos ya eran bien conocidos por los celtas. También eran importantes para los pueblos nativos del Neolítico. Las pruebas arqueológicas sugieren que los lobos se cazaban por su piel, y sus dientes y huesos se utilizaban para fabricar joyas. Estos animales eran uno de los símbolos de la guerra, y el carnyx o cuerno, que era un instrumento que sonaba durante la batalla, se creó con la forma de su cabeza. Las imágenes de lobos se utilizaban a menudo para decorar las armaduras de los guerreros. Apropiadamente, estos animales están estrechamente ligados a la guerra y a todos sus pertrechos por sus características de ferocidad. Los antiguos irlandeses llamaban a los guerreros "cabezas de lobo". Además, las tribus celtas creían que el lobo era su antepasado. Todo esto hacía que los lobos fueran representativos de la batalla, de lo salvaje e incluso de los muertos, lo que naturalmente llevó a asociarlos automáticamente con la Morrigan.

También se sabe que los lobos tienen fuertes vínculos con los cambio de formas y los forajidos. Según la mitología, existía la creencia de que los forajidos se transformaban en lobos. La gente solía tener perros en la creencia de que era la versión domesticada de los lobos. Una de las formas que adoptó la Morrigan cuando llegó a Cu Chulain, cuyo nombre se traduce como "el perro de Culann", era un lobo. En ese momento, Cu Chulain estaba defendiendo el Úlster, lo que se considera una acción honorable, lo que convierte el ataque de la Morrigan en una forma de bandolerismo.

### Anguilas y serpientes

Como se puede recordar, la Morrigan también adoptó la forma de una anguila cuando luchaba contra Cú Chulainn. Mucha gente también creía que el corazón de su hijo Meiche tenía tres serpientes o víboras en su interior, lo que lo hacía capaz de destruir Irlanda.

Las serpientes se consideran un símbolo de fertilidad, regeneración, maldad, muerte, sanación, destrucción y agua. El Badb está muy asociado a los temas del veneno y las serpientes, y el nombre Neiman también significa venenoso.

## Vaca

Las vacas desempeñaban un papel necesario e importante en el estilo de vida y la cultura celtas, lo que las llevó a cimentarse en la mitología celta. Poseer vacas o una vaca indicaba el estatus y la riqueza de una persona, y las vacas se convirtieron en una forma de moneda y de intercambio monetario. Numerosas diosas irlandesas estaban vinculadas a las vacas en el sentido de que adoptaban su forma, poseían vacas que ordeñaban abundantemente o tenían vacas mágicas. Como resultado, las vacas llegaron a representar la satisfacción y la provisión de las necesidades diarias. Era un animal fundamental para la supervivencia y la prosperidad de un clan.

La vaca representa el lado de la Morrigan que proporciona estabilidad y crecimiento fértil. La gran reina ha aparecido en varios cuentos en forma de vaca o interactuando con vacas. Su primera aparición en forma de vaca fue en el cuento de Tain Bo Cuialgne, donde se la representaba como una novilla roja sin cuernos. Más tarde, también adoptó la forma de una mujer mayor ordeñando una vaca. Fue entonces cuando engañó a Cu Chulain para que bebiera su leche y la bendijo con sus palabras para que pudiera sanar. Curiosamente, la primera vez que Cu Chulain y la Morrigan se encontraron fue con la apariencia de una vaca. Él trató de impedir que ella montara una vaca que creía que había robado.

## Caballo

Los caballos eran también otro símbolo de estatus para los celtas, lo que hizo que se les venerara y cuidara. Han sido fundamentales en la expansión de la cultura celta, ya que fueron cruciales para la agricultura, la guerra, las comidas (como carne) y el transporte una vez que fueron domesticados.

El papel que desempeñó el caballo en la guerra hizo que se asociara con la victoria, la resistencia, el aguante y la fidelidad. La Morrigan está estrechamente ligada a la guerra, y su presencia en el campo de batalla determina quién saldrá victorioso en la batalla.

# Símbolos y sigilos

Cualquier sigilo o símbolo ilustrativo que se asocie con la Morrigan implica o se basa en tres. Estos símbolos son el trisquel, la triqueta y la triple luna.

- **Trisquel**

    También conocido como triskelion, el triskele ha sido utilizado por los celtas desde el año 500 a. C. Está dibujado o tallado como tres espirales entrelazadas y tiene varias interpretaciones sobre su significado y su importancia para la cultura y la mitología celta. La interpretación más notable es que representa triplicidades sagradas y representa el movimiento. También simboliza la unificación o el movimiento a través de los ciclos y los mundos centrales de la mitología celta.

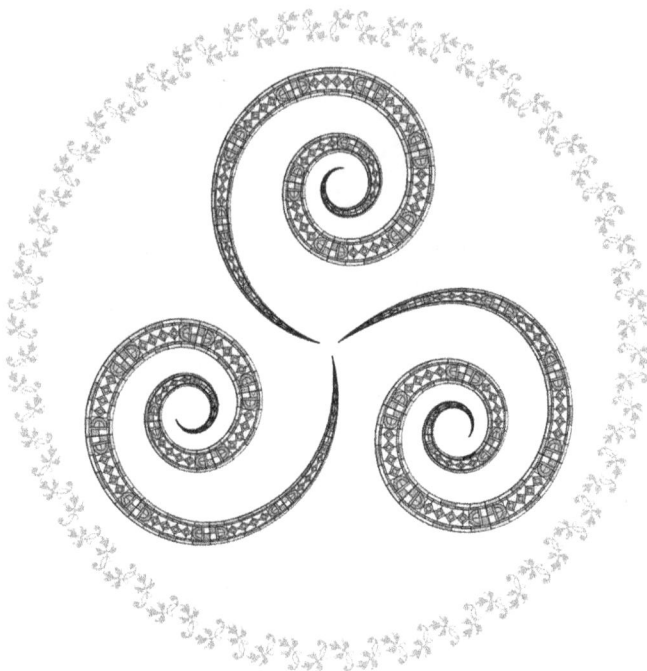

• **Triqueta**

Otro símbolo basado en el tres, la triqueta, también se conoce como el nudo de la Trinidad y ha sido adoptado por varios pueblos y religiones. Se ilustra como un círculo único que interseca tres vesica de piscis o una figura triangular de tres arcos entrelazados. Representa la unidad y el significado de los tres en la mitología celta: tierra, mar y cielo. Utilizado desde la Edad de Bronce europea, ha sido tallado en muchos edificios y objetos como símbolo de protección.

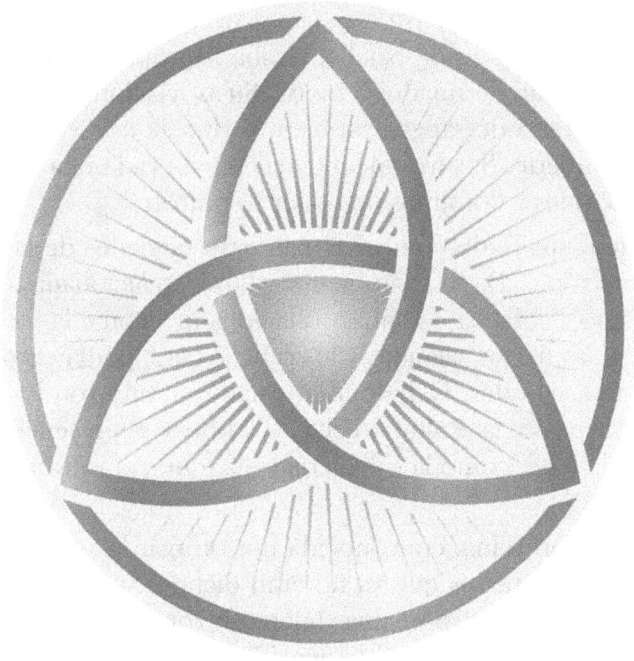

* **La triple luna**

El símbolo de la triple luna está asociado al ciclo lunar y a la triple diosa. Al referirse al ciclo lunar, la triple luna representa la luna creciente, la llena y la menguante. En relación con la diosa triple, representa a la Doncella, la Madre y la Anciana. Cada fase de la luna está ligada a una identidad de la diosa triple: la luna creciente representa a la Doncella, la luna llena es la Madre, y la luna menguante, simboliza a la Anciana. La triple luna es un arquetipo adecuado para La Morrigan, ya que ella también es una diosa triple.

# Lo que representa la diosa

La Morrigan era famosa por sus habilidades proféticas y por cómo su presencia podía cambiar las mareas de la guerra, determinando esencialmente el ascenso y la caída de clanes y pueblos. A sus adoradores y a los que se habían ganado su favor, su presencia les daba un gran valor y una renovada determinación. A la vista de una bandada de cuervos o cornejas, sus enemigos temblaban y la moral caía.

Como diosa de la guerra, era capaz de predecir la caída de los guerreros en el campo de batalla: lavaba las ropas o las armaduras de los que estaban destinados a morir. Su asociación con la batalla y el derramamiento de sangre también la vincula estrechamente con la vida y la muerte. Sus tres identidades tienen cada una sus propias representaciones y dominios de poder y control.

Aunque tanto Badb como Nemain eran deidades de la guerra y la destrucción, Badb también estaba relacionada con el renacimiento. Macha estaba relacionada con la fertilidad. Gobernaba las tierras sagradas y los caballos que podían otorgar a la gente riqueza y poder. Debido al impacto que tuvieron los caballos en el avance de la cultura celta. También representaba a los guerreros de élite, como la caballería celta, que era muy honrada en la época.

Como la gran reina, era conocida por otorgar la soberanía o por arrebatársela a aquellos que ya no eran dignos. Su prominencia en la mitología celta es por una buena razón, dado su poder e influencia sobre los celtas. Su capacidad de cambiar de forma le permitía adoptar muchas formas diferentes y también animaba a sus adoradores a adaptarse a cualquier reto al que se enfrentaran. Esta flexibilidad se convirtió en la destreza que los guerreros aprovechaban en el campo de batalla para ser más fuertes y feroces.

## Los números sagrados de la gran reina

Hay tres números notables relacionados con La gran reina. Se la asocia con el tres, el seis y el nueve por varias razones. Principalmente porque la mitología celta se centra en la triplicidad o la regla de los tres, y estos números son múltiplos de tres. Esto también puede verse en los sigilos de los que hablamos antes basados en la triplicidad.

Como la mayoría de los otros dioses y diosas de la mitología celta, La Morrigan tiene tres lados en su identidad y divinidad. Este número sagrado y la filosofía inspiraron los acertijos y la fraseología triádica arraigada en la creencia. Está muy extendido en la mitología irlandesa, ya que representa la unidad y la creación de los diferentes reinos, y el proceso de la acción que se convierte en producto del pensamiento. El tres se considera el primer número mágico de la numerología, y a partir de él se han basado o construido otras filosofías.

El seis representa la finalización de dos ciclos, dos veces tres. Representa el equilibrio y la ambivalencia. En la mitología irlandesa, la sexta luna significa la limpieza y el logro del equilibrio. Como triplicación del triple, el nueve se considera el número más mágico. Esto significa que es bastante omnipresente en la mitología celta. Representa la finalización y la novedad en la agitación de los ciclos. Dado que el tres ya es un número poderoso, la repetición de cualquier cosa tres veces aumentará su potencia. Esto se hace evidente en los hechizos, rituales y oraciones.

# Colores asociados a la Morrigan

La Morrigan tiene dos colores principales asociados a ella: el rojo y el negro. Algunas fuentes incluyen también el blanco y el gris, pero no está muy aceptado. Sus colores aparecen en sus historias de diferentes maneras: la ropa que llevaba, los animales en los que se transformaba, los objetos que utilizaba, etc. Su asociación con el rojo y el negro se deduce de los relatos y textos en los que aparece. Estos colores revelan más sobre la diosa y su dominio y poder.

### Rojo

El rojo está conectado y asociado con varios conceptos diferentes, y cuanto más exploramos esas conexiones, más vemos su relevancia en la representación de la Morrigan. En particular, el rojo simboliza la pasión y el deseo. Como diosa de la guerra, ella misma se apasionaba por las batallas y el campo de batalla, y a menudo desempeñaba su papel mediante la magia. Esto inspiró a sus adoradores a ser también apasionados y entusiastas de la batalla y la guerra, haciéndoles estar dispuestos a morir en el campo de batalla sin apenas miedo. También inspiró a sus adoradores a ser apasionados en otras áreas, incluyendo el amor, la familia y el parentesco.

En línea con la pasión en el campo de batalla está el derramamiento de sangre, otro simbolismo ligado al rojo. Esta asociación es bastante acertada si tenemos en cuenta la condición de la Morrigan como diosa de la guerra. El rojo representa la sangre derramada durante la guerra, ya sea necesaria o innecesaria. En los textos, aparece como una vaquilla de orejas rojas, un perro rojo y lleva vestidos/capas rojas. En las descripciones, a Badb también se la denomina "boca roja" o "Badb roja".

## Negro

Durante mucho tiempo, el negro se ha asociado con la muerte y el presentimiento. El mero hecho de mirar este color en determinados escenarios puede provocar sentimientos de morbosidad. Esto se debe, en parte, a que los cuervos y las cornejas también son negros, estrechamente ligados a la muerte. Sin falta, la gente veía a los cuervos acudir a los cadáveres o a las pilas de cadáveres. Ver a estas aves alimentarse de carne muerta, especialmente de aquellos con los que probablemente tenían fuertes vínculos, llenaría sin duda a los testigos de malos sentimientos.

El negro también se asocia con el asombro, el misterio y lo desconocido. Las operaciones encubiertas y ocultas tienden a integrar el negro en sus prácticas. Esto puede ser a través de túnicas, máscaras y velas, entre otras cosas. El negro exuda poder y dominio de forma sutil y definitiva. La Morrigan, en su encuentro con Cú Chulainn, apareció como una anguila negra durante su primer intento de frustrarlo en la batalla.

# La diosa triple y las fases de la luna

Hemos mencionado brevemente la relación entre la Morrigan y su conexión con las fases de la luna. Aquí profundizaremos un poco más en las fases con las que está asociada. La luna está asociada a la energía femenina y a los ciclos de muerte y renacimiento, al igual que la propia diosa.

### • La luna nueva

La luna nueva representa el comienzo de un nuevo ciclo. Es la primera media luna de luz que se ve después de que la luna y el sol se unan. Esta nueva luz es bastante potente y es la razón por la que se recomienda establecer sus intenciones durante la luna nueva. Puede iniciar proyectos o planificar cómo va a afrontar sus objetivos. La energía de la luna nueva coincidirá y amplificará su propia energía cuando establezca estas intenciones. Al igual que es el mejor momento para planificar, también es un buen momento para la autorreflexión mientras determina cómo entrar en esta nueva fase de su vida.

## • La luna oscura

En algunos círculos, la fase de la luna oscura se confunde a veces con la luna nueva. Esto ocurre sobre todo cuando se discute solo el aspecto astronómico del término. Para las brujas o los paganos, la diferencia no es solo visible, sino también palpable. La fase de luna oscura llega justo antes de la fase de luna nueva; es decir, justo antes de que se pueda ver cualquier iluminación en la superficie de la luna. En esta fase, al mirarla, la luna está completamente desprovista de luz y oscura. Esta fase representa el descanso y la observancia. Debe realizar la mayor parte de su trabajo de sombra e interno durante este tiempo. Puede apoyarse en la abundante sabiduría de la Morrigan durante la luna oscura.

## • La luna menguante

Cuando la luna pasa de llena a menguante, hay menos visibilidad y luz. Todos los planes y objetivos han llegado a su punto álgido o se han cosechado durante la luna llena, y al pasar a la luna menguante, es el momento de retroceder. Reconozca sus logros y hónrelos. Todo lo que se ha propuesto ha requerido esfuerzo y fuerza personal. En este momento, explorará el crecimiento personal que ha experimentado al perseguir sus objetivos. Estas fases lunares más oscuras requieren una visión suave y dejar ir la energía o las emociones reprimidas.

# Samhain

El Samhain marca la división de la mitad más clara del año (el verano) y la mitad más oscura (el invierno) y del mundo físico y el otro mundo. Suele celebrarse entre el 31 de octubre y el 1 de noviembre. Cuando los irlandeses emigraron a América, muchas de las costumbres se integraron en la cultura del país de acogida y se convirtieron en la base de las tradiciones de Halloween. Entre ellas se encuentra el uso de máscaras o disfraces.

Como la barrera entre los mundos se hacía más fina durante el Samhain, las entidades malévolas podían cruzar y atormentar a los humanos. Había varios monstruos y criaturas diferentes que vagaban por el pueblo durante esta época. La gente solía dejarles ofrendas para apaciguarlos y que no les hicieran daño o los secuestraran. También se disfrazaban de animales y monstruos por la misma razón.

La desaparición del sol también desempeñó un papel en la aparición de estos monstruos. Se creía que, al desaparecer el sol en el inframundo, ya no era capaz de inhibir las actividades de los monstruos en el mundo físico. Por esta razón, el fuego (un elemento asociado a La Morrigan) es una parte importante del festival. El fuego, como elemento, ha sido responsable del avance de la civilización humana. No solo se utilizaba para mantenernos calientes, sino que también era esencial para alejar a los depredadores y guiarnos en la oscuridad.

Todo esto hace que el fuego simbolice la iluminación, el poder y la energía. El fuego también se asocia con la energía y es una de las cuatro energías elementales en la mayoría de las creencias y culturas. Un elemento salvaje puede consumir lo que se encuentra en su camino y convertirse en un siervo obediente, una vez domesticado. Aunque destruye y causa la muerte, también purifica y puede promulgar nacimientos o renacimientos, como la Morrigan.

La forma más antigua de Samhain era la más importante de las fiestas trimestrales del fuego. Mientras se recogía la cosecha, se dejaban los hogares familiares para que ardieran. Una vez terminada la cosecha, el pueblo se unía a los sacerdotes druidas para encender un fuego comunal. Durante esta ceremonia de encendido del fuego, se honra al sol como fuente de toda la luz y el fuego al estar representado por una rueda que enciende la hoguera comunal. Cada persona tomaba entonces una llama de esta hoguera y la utilizaba para encender su lumbre.

En la Edad Media, se pasó de utilizar hogueras comunales a otras más individuales. Las familias encendían estas hogueras en sus fincas para protegerse de las criaturas mágicas y de los visitantes no deseados del reino de los espíritus.

### La Cath Maige Tuired

La Morrigan desempeña un papel fundamental en los mitos que rodean al Samhain. Se trata de la batalla de la llanura de los pilares (Cath Maige Tuired), una lucha en la que participan los Tuatha Dé Danann y los fomorianos. Al llegar a Samhain, ella se encuentra con Dadga, el dios principal irlandés, y tienen relaciones sexuales antes de que ella le ordene que reúna a todas las personas hábiles. Acostarse con La Morrigan en Samhain le aseguró la victoria, ya que ella reunió a su pueblo y lo motivó a luchar. En la noche de Samhain, ella salió en su carro, tirado por un caballo de una sola pata, del sidhe de Cruachan.

# Capítulo 4: ¿Fae (hada) o fantasma?

La Morrigan, como sabemos, era una metamórfica y, según la mitología, rara vez aparecía en la misma forma dos veces. Sus habilidades para cambiar de forma eran tan entrañables como aterradoras para los celtas, que nunca estaban seguros de la siguiente forma en la que aparecería. Su naturaleza mercurial se refleja incluso en su nombre, y algunos historiadores creen que "mor" puede haber derivado de una palabra indoeuropea que significa "connotar terror" o "monstruosidad". Incluso puede ser una amalgama del escandinavo y del eslavo antiguo "mara", que se traduce aproximadamente como "pesadilla", y la última parte de Morrigan, "rigan", se traduce como "reina". Por lo tanto, la etimología indica que su nombre podría traducirse adecuadamente como "Reina Fantasma", que es una forma excelente de resumir todas sus cualidades únicas y temibles. El nombre de Morrigan, con su grafía y pronunciación únicas, sería, por supuesto, regurgitado más tarde en el periodo irlandés medio, y muchos de los mitos e historias concomitantes con los que estamos familiarizados hoy en día están profundamente ligados a este momento concreto y a la cultura celta.

Como es lógico, debido a las apariencias de Morrigan, su legado puede ser bastante polarizante. A veces se refieren a ella como Fae, o reina de los hados, o como Reina Fantasma. Estos arquetipos son polos opuestos, pero este hecho ilustra más que nada su naturaleza dual. En este capítulo, exploraremos las dos formas principales de Morrigan y deconstruiremos su significado en un contexto histórico. La compleja naturaleza de Morrigan, en cierto modo, refleja nuestras propias luchas con nuestros lados oscuros. Como todos sabemos, tanto la luz como la oscuridad residen en un mismo ser, y la mayor parte del trabajo espiritual de la humanidad consiste en garantizar que la luz no sea suplantada por las fuerzas más oscuras. La figura de Morrigan encierra muchas lecciones para nosotros hoy en día, y su espíritu, junto con las historias mitológicas, sigue siendo tan relevante como siempre.

# La Reina de las Hadas

Comencemos por examinar una faceta de la persona de la Morrigan como hada, o Reina de las Hadas. Nuestra comprensión contemporánea de un hada - o de las hadas, como solemos referirnos a ellas hoy en día - es diferente a la de sus orígenes. La imagen de Campanita, aunque encantadora y quizás traviesa, no es la forma en que los celtas percibían a un hada. Para empezar a entender el disfraz de hada de Morrigan, puede ser útil comprender primero el contexto de la mitología de las hadas.

En el dialecto escocés, la palabra significa "de". En la Edad Media, se utilizaba para referirse a un ser de otro mundo o plano espiritual, lo que hace más tangible su aplicabilidad a los seres míticos o criaturas legendarias. Las hadas se encuentran de una u otra forma en el folklore y las leyendas de múltiples países europeos, aunque, por supuesto, Morrigan ocupa un lugar elevado y muy apreciado en la literatura y la espiritualidad de los celtas. Las hadas, un espíritu sobrenatural, pueden asociarse a veces con el bien, pero también pueden tener un enfoque más bien amoral en sus relaciones con los demás, especialmente con los humanos. Dentro de los entresijos de la mitología celta, el término hada se utiliza generalmente solo cuando se aplica a criaturas mágicas que poseen una apariencia humana y no son tímidas a la hora de utilizar sus poderes. También pueden ser propensas a hacer travesuras, y no hay que subestimar la astucia incluso de las hadas buenas. En la religión pagana, las hadas suelen ser adoradas de la misma manera que los espíritus de los muertos u otros espíritus de la naturaleza. Sin embargo, no es de extrañar que, una vez que el cristianismo se convirtió en una estructura religiosa dominante y se apropió de elementos clave del paganismo para evitar alienar a los nuevos feligreses de la iglesia, las hadas pasaran a ser conocidas como ángeles, aplicándose una terminología diferente a los que han caído en desgracia y se han convertido en demonios.

Esto, en cierto modo, se entrelaza con las leyendas artúricas y, en particular, con la figura de Morgan le Fay, que muchos creen que fue una iteración de la Morrigan como hada. La leyenda del rey Arturo y las historias de las figuras de su mundo - la reina Ginebra, Lancelot del Lago y Morgan le Fay, entre muchas otras - tienen en realidad sus orígenes en la mitología celta. Estas historias forman parte del tejido de la cultura pagana hasta tal punto que los historiadores han podido identificar fácilmente sus contrapartidas cristianas posteriores. Resulta interesante que las interpretaciones modernas de las leyendas artúricas se esfuercen a menudo por explorar las historias en el contexto de una Europa en rápida evolución. Teniendo en cuenta el esquema más amplio de los acontecimientos, el personaje de Morgan puede ser representado como la asediada cultura pagana abrumada por el recientemente poderoso cristianismo. Como tal, tiene sentido centrarse por un momento en la iteración más famosa de la Morrigan como el hada o Morgan le Fay.

# La hechicera

En las primeras menciones registradas de Morgan, se la muestra como una diosa que, por lo general, es un espíritu benévolo y está relacionada de alguna manera con el rey Arturo. En parte de la literatura, aparece como su hermanastra, pero en otras historias, la relación de sangre parece más bien nebulosa, aunque siempre se establece firmemente que es pariente de Arturo. Como a menudo se la muestra como una diosa en estas historias, los historiadores han utilizado esto para ayudar a solidificar el vínculo entre Morrigan y su equivalente literario Morgan le Fay.

En cualquier caso, sus primeras apariciones en la mitología no son exhaustivas, y los relatos sobre ella y sus actividades no nos proporcionan una lista de características para seguir, ni siquiera el más básico de los esbozos biográficos. Sin embargo, sabemos que esta situación de pizarra en blanco pretende hacernos saber que es una especie de salvadora mágica del rey Arturo, y su importancia en los relatos se acentúa con el tiempo. Con la creciente frecuencia de sus apariciones a lo largo de los años, la naturaleza ambigua de Morgan se hace más evidente, y vemos que su brújula moral se cuestiona cada vez más. El carácter de Morgan se transforma significativamente con el tiempo. Mientras que en los primeros relatos adopta el papel de protectora, se convierte en una antagonista e incluso es retratada de forma bastante cínica en el ciclo Lancelot-Grail y otros ciclos mitológicos. Esto no es del todo sorprendente, dado que el auge del cristianismo acabaría mirando a los personajes claramente etéreos, ya sean diosas o hadas, con considerable desconfianza. En las interpretaciones medievales de las leyendas artúricas, que son posiblemente las versiones más populares del cuento, Morgan es representada como una entidad imprevisible de doble naturaleza que tiene tanto el potencial del bien como del mal, aunque se inclina más por este último. ¿Le resulta familiar? La evolución de Morgan en estos cuentos puede verse como la culminación última de una comprensión más amplia de Morrigan y de la dualidad de la diosa.

Sin embargo, antes de avanzar demasiado, podemos descubrir un poco más sobre las primeras iteraciones de la encantadora Morgan para poder entender mejor la conexión con Morrigan.

En la leyenda artúrica, hay poco debate sobre la infancia de Morgan. En varios mitos se señala que se sentía atraída por las artes mágicas y que llevaba una piedra druida como talismán especial. Se esforzó por obtener conocimientos de la nodriza que la crio y luego de los dioses y hadas que poblaban la sagrada corte de Avalon. Su búsqueda de las artes oscuras es un hecho que se utilizaría para arrojar calumnias sobre ella y para que autores posteriores o tradiciones orales la trataran con desdén. Al igual que Morrigan, Morgan era representada en los cuentos anteriores como una diosa de triple aspecto, cada uno de los cuales poseía un cierto número de atributos. Otra razón por la que se cree que Morgan deriva de la Morrigan es lo que sabemos de la historia de origen de la primera.

En la mitología galesa, se pensaba que Morgan compartía la misma madre que Arturo, Modron. Curiosamente, tanto Modron como Morgan son diferentes formas localizadas de la Morrigan, que en los cuentos galeses se representa también con la forma de un cuervo o corneja, presagio de muerte para nuestros valientes héroes. Así pues, cabe suponer que Morgan le Fay es, de hecho, la diosa Morrigan bajo otra apariencia. Muchos paganos creían que Morgan estaba relacionada de algún modo con Morrigan, si es que no era la propia diosa. Esto explica además por qué Morgan fue representada en historias posteriores como un presagio del mal. Una vez más, a medida que el cristianismo se hizo dominante, especialmente en Europa occidental, las costumbres y la cultura de los paganos quedaron subsumidas por esa religión y reencuadradas dentro de los valores judeocristianos.

# La Reina Fantasma

Morgan le Fay y las descripciones siempre cambiantes en las leyendas artúricas es una buena transición para explorar la versión más oscura de la diosa Morrigan y lo que significa para los paganos. Morrigan, tal y como aparece en las leyendas artúricas, no es siempre malvada, pero es una figura profundamente ambigua que parece vacilar entre su deber de proteger al rey Arturo y frenar sus tendencias más oscuras de caos y control. En la apariencia de Morrigan como Reina Fantasma o Espectral, la mayoría de los matices se tiran por la ventana, y la diosa cede a los impulsos malignos más plenamente.

En la mitología celta, el símbolo de Morrigan es el cuervo, la más oscura y misteriosa de las aves, a menudo asociada con la muerte. Dado que a Morrigan también se la conoce como la diosa de la guerra, o incluso se la denomina simbólicamente como el "martillo de guerra", esto tiene sentido. Como presagio cambiante de la batalla y la calamidad, Morrigan tuvo una enorme influencia en la cultura celta y, más concretamente, en la historia de Irlanda. Como ha leído en capítulos anteriores, Morrigan era en realidad un trío de poderosas y dinámicas hermanas que infundían temor en los corazones de muchos. A veces recibían los nombres de Badb, Macha y Nemain, pero en otras historias mitológicas registradas, se ha hecho referencia a las hermanas de Morrigan como las diosas Ériu, Banba y Fódla (o *Fótla*). En una serie de importantes obras folclóricas llamadas el Ciclo del Úlster, Morrigan aparece con mayor frecuencia como esta tríada de diosas. Como hemos leído en capítulos anteriores, la historia es significativa en el folklore irlandés y merece la pena repetirla aquí con matices añadidos. La Morrigan está en el centro de las batallas de Cúchulainn con el ejército de Connacht para proteger el Úlster contra la reina Medb. Esta infame batalla se prolongó durante meses y a menudo se considera uno de los tramos más traumáticos detallados en la historia de la Edad Media. Una noche, Cúchulainn decidió invocar el derecho al combate individual para poder derrotar él solo a todos los guerreros. Morrigan apareció para seducir a Cúchulainn en respuesta a esta invocación, ofreciéndose a él antes de la batalla. Cúchulainn, siempre el soldado centrado y dedicado, se negó.

Esto indignó a Morrigan, que entonces utilizó su don para los disfraces para transformarse en anguila, haciendo tropezar a Cúchulainn mientras viajaba por el fiordo. Mientras intentaba defenderse de la diosa vengativa, la escurridiza anguila se transformó de nuevo en lobo, alejando al ganado cercano y haciendo que se uniera a Cúchulainn. El soldado, siempre ágil, respondió rápidamente con una honda, cegando efectivamente a la temerosa Morrigan en un ojo.

Esta es quizás la historia más famosa que involucra a Morrigan, pero está lejos de ser la única. Su influencia en la mitología es tan amplia, especialmente en la historia local de Irlanda, que a menudo se dice que el país lleva su nombre. La palabra "Irlanda" puede descomponerse en el celta "aariu", que significa vigilar, y "eire", que significa tierra. Combinadas, ambas palabras son "Eriu-land", que en celta significa Irlanda. Así pues, siempre se ha pensado que Morrigan vigila a Irlanda; si se trata de un acto benévolo o de un significado que denota algo más temible es algo que está en juego.

En definitiva, basándose en estos mitos, es fácil ver cuándo y cómo la naturaleza más oscura de la Morrigan se apodera de ella, incluso cuando parece creer que está ayudando o tratando de cuidar a los demás. Su ira, orgullo o deseo de control pueden consumirla y nublar su visión de los acontecimientos en el mundo en el que está intrincadamente entrelazada.

# El hada y el fantasma

Morrigan aparece en diferentes historias con características ligeramente distintas cada vez. La literatura escrita podría sugerir que las formas en que su caracterización ha evolucionado están profundamente ligadas a las cambiantes costumbres y estructuras religiosas de Europa Occidental. Esto es en parte cierto. Al mismo tiempo, también es fácil conjeturar, basándose en las historias más populares esbozadas en este capítulo, que la Morrigan "buena", o hada, es intercambiable con la Reina Fantasma o Espectral. Al menos, su lucha por encontrar un equilibrio espiritual entre los dos bandos que luchan en su alma refleja la propia lucha de la humanidad por mantener a raya a los fantasmas oscuros. De este modo, el legado de la Morrigan perdura en el presente por su fiabilidad y la vulnerabilidad inherente a su valiente lucha. A pesar de ser una diosa poderosa, lo que sabemos de la Morrigan la hace sentir tangible, lo cual es curioso dado que es famosa por su naturaleza mercurial.

Entonces, ¿es la Morrigan un hada o un fantasma? Tal vez no sea una cuestión de lo uno o lo otro, sino más bien una pregunta sobre la antigua lucha entre el bien y el mal y una rumiación sobre hasta qué punto una persona puede contener una multitud de características mientras lucha con fuerza contra sus instintos más bajos.

Históricamente, Morrigan ha sido venerada como la diosa de la batalla, pero también se la consideraba la diosa del éxtasis, la fertilidad y la magia. Este hecho, por sí solo, parece apuntar a su naturaleza de diosa y confirma que su legado no es un claro sobre el que se puedan expresar puntos morales fáciles. Una lectura feminista de segunda o incluso tercera ola de Morrigan y de lo que ha llegado a significar para los paganos apoyaría esto, concluyendo que era simplemente una bruja o entidad con talento que deseaba de una manera que se siente más humana. Asimismo, dado su género, se la ha responsabilizado de sus acciones más que a otras figuras míticas con legados igualmente temibles, y la gente ha exigido a Morrigan un estándar más elevado. Como persona independiente, inteligente, pero esencialmente desconfiada, no siempre tomó las mejores decisiones. Era hiriente, mercurial y poseía una voluntad incógnita que no siempre le granjeó una gran popularidad. Sin embargo, calificarla de malvada a secas es poco equilibrado.

Incluso en los retratos más halagadores, Morrigan es retratada como una embaucadora, una astuta metamórfica que confundía a todo el mundo, incluso cuando pretendía ayudarles. Esta descripción se ajusta más naturalmente a la del hada, o fae, un ser mágico con buen sentido del humor, pero que no pretende hacer daño a los demás. Sin embargo, llevar esta tendencia al engaño a su extremo lógico también podría suponer problemas para Morrigan y los que caigan en sus garras.

# Una búsqueda del equilibrio

En última instancia, Morrigan es un ser sobrenatural muy relacionable. Aunque no sea inmediatamente obvio, el viaje continuo de Morrigan, ya sea en su encarnación como Morgan le Fay o como el temible ser que aterroriza a los guerreros, representa un intento de alcanzar la armonía dentro del ser. Algunas historias modernas hacen que la batalla espiritual de Morrigan sea bastante explícita, pero está implícita en los mitos antiguos. Para los practicantes contemporáneos de la wicca y el paganismo, Morrigan es un vehículo eficaz para compartir nuestras ansiedades por no sentirnos con los pies en la tierra, sin un sentido del equilibrio que permita al fantasma, o al lado oscuro, instalarse y enconarse.

En definitiva, Morrigan es una contradicción cautivadora que ha mantenido a millones de personas en su esclavitud durante siglos. Es simultáneamente el espíritu de la furia y la paz, la alegría y el terror, un hada que también es un fantasma. En sus diferentes iteraciones a lo largo del tiempo, ha sido representada como la cuidadora de los reyes, una hermana cariñosa, madre y amante devota. También se la ha representado como una mujer malvada que no disfruta siendo plantada por su amante, una que mataría sin piedad a miles de soldados y destruiría toneladas de hogares simplemente para calmar algún sentimiento de pena. Morrigan es, a su vez, curativa y materia de pesadillas: su doble naturaleza asusta y confunde constantemente. Por supuesto, muchas de estas etiquetas también pueden lanzarse contra las madres o las mujeres en general. Su función de proteger a la sociedad y, al mismo tiempo, de continuar el ciclo de la vida mediante las exigencias físicas del trabajo, hace que su poder sea a la vez temido y subestimado, al igual que el de la propia Morrigan.

Se aconseja encarecidamente a los brujos modernos que aprovechen la energía de Morrigan mediante una serie de devociones. También es necesario que realicen un estudio exhaustivo y riguroso de su legado y sus múltiples manifestaciones. El fortalecimiento de su relación con (y la comprensión de) Morrigan mejorará profundamente su práctica espiritual. Aunque parte del trabajo puede realizarse en grupo, también se aconseja explorar las diversas oraciones y rituales en solitario para profundizar en la comprensión de un ser tan complejo que posee una gran sabiduría para todos nosotros, independientemente del género.

Ya hemos mencionado que Morrigan sigue siendo una figura relatable, a pesar de sus poderes desmesurados. Aunque hay muchas historias y rituales paganos que merecen una atención especial, hay algo en Morrigan y en su capacidad o, a veces, incapacidad de aprovechar sus poderes para el bien que merece la pena recordar y retener. Nuestro mundo moderno se ha vuelto cada vez más oscuro en los últimos tiempos, y ha sido fácil para muchos caer presa de sus instintos más bajos o dejarse envolver por sentimientos de venganza y traición. Sin embargo, estos sentimientos tienen sus limitaciones, y por muy excitante o satisfactorio que se sienta ceder y dejar que los impulsos más oscuros se apoderen de su mejor juicio, no sirven de nada si no está actuando también como protector hacia sus seres queridos, o al menos manteniendo una justa valoración del equilibrio dentro del universo.

La mayoría de las religiones y los practicantes espirituales dirán que el universo necesita tanto el bien como el mal en medidas iguales, y que, si uno se impone al otro por completo, se producirá un grave desequilibrio en la fortuna del mundo. Por lo tanto, tiene sentido defender a Morrigan, tanto al hada como a la Reina Fantasma, y aprender todo lo posible de su viaje. Centrarse en su legado y ser consciente de los rituales de oración solo hará que se profundice en el camino espiritual y se garantice una iluminación continua para todos.

# Capítulo 5: La Morrigan como diosa de la fertilidad

La Morrigan es una de las deidades más poderosas, de la que se suele hablar en la literatura académica por su asociación con la guerra y el derramamiento de sangre. Sin embargo, también posee rasgos de personalidad menos conocidos y más intrigantes. Es interesante observar que hay varios aspectos de su personalidad que se discuten a menudo en la literatura, pero el hecho más intrigante es que la tradición mitológica sobre su naturaleza y atributos tiende a cambiar de un texto a otro. En este capítulo, nos esforzaremos por comprender mejor a Morrigan como diosa de la fertilidad y de la tierra.

# Derivaciones de su nombre

Para comprender mejor su papel como diosa de la fertilidad y de la tierra, es intuitivo revisar los orígenes de su personalidad como diosa. Su nombre es un buen punto de partida porque ofrece pistas significativas sobre su identidad general y su naturaleza como deidad.

Hay, en general, tres teorías básicas que se asocian comúnmente a su nombre, "Morrigan", que hemos explicado en capítulos anteriores. Morrigan puede traducirse como "Reina del Mar", "Gran Reina" o "Reina Fantasma". Sin embargo, una de las traducciones más superficiales de su nombre es "Gran Reina" porque la palabra "Mór" en irlandés se traduce como grande o grandiosa. Al mismo tiempo, "rigan" significaría "reina". Sin embargo, en otros textos, "Mór" aparece como "Mor", lo que indica que puede tener un significado y un origen absolutamente diferentes. "Mor" es muy similar a "muir", una antigua palabra irlandesa que suele referirse al mar o a cualquier masa de agua.

# Las múltiples formas de Morrigan

Como ya hemos mencionado, encontrará diferencias en los relatos sobre las dimensiones de su personalidad y sus atributos divinos. En algunos relatos, aparece como diosa solitaria, mientras que, en otros, se habla de ella como diosa triple. A menudo se la representa como una hermosa muchacha y a veces como una mujer de gran poder. A veces también se encuentra su imagen como una bruja.

El papel más comúnmente asociado a Morrigan es el de diosa de la batalla, y se la representa adoptando las formas de una corneja o un cuervo. El folklore también informa de que es la precursora de la muerte o la victoria de un soldado o de todo un ejército, y parece ser una adivina. Sin embargo, uno de los atributos menos promocionados y menos comprendidos de esta diosa está relacionado con la tierra y la fertilidad, posición por la que es venerada. También se la venera como diosa de la tierra y la fertilidad y se la vincula específicamente con la procreación y la fertilidad del ganado. En una línea similar, encontrará sus impresionantes poderes centrados en la sexualidad. Según el folklore, el jefe de los dioses salió victorioso de la guerra y fue reconocido y convertido en héroe gracias a las energías sexuales de Morrigan. Durante una gran batalla, ella se acostó con el héroe y le imbuyó de una fuerza y una motivación adicionales para triunfar finalmente, ya que se acostó con él y contribuyó a su éxito en la batalla. Debido a su aspecto sexualmente atractivo, es un reconocido símbolo de la fertilidad.

# Morrigan, Macha y Badb

Hay otras dos diosas con las que Morrigan está vinculada, Badb y Macha. Las tres son reconocidas colectivamente como las Morrigu. Sin embargo, según algunos estudiosos, este trío no hace más que definir diferentes formas de la propia diosa Morrigan. Esta interpretación concuerda con la filosofía celta porque tienden a ver a los dioses y diosas como portadores de una potente energía divina. Se cree que las tres diosas son hijas de la deidad madre, Ernmas.

Morrigan es vista como una diosa de la abundancia y la fertilidad debido a su lugar como diosa del parto. A menudo se le reza cuando se inicia una nueva vida o alguien abre un nuevo capítulo en la vida porque su presencia y bendiciones garantizan que la vida acabará prevaleciendo y prosperando a pesar de la destrucción y la muerte.

# Morrigan y otras deidades

La gran diosa celta Morrigan es una de las deidades más complejas, y hay varias capas en su persona divina. Para explorar mejor el papel de Morrigan como diosa de la fertilidad, la abundancia y la tierra, debemos discutir su asociación con otras deidades, como Anand, Danu, Ériu, Banba y Fotla.

### La historia de Anu, Macha y Badb

Según el folklore, la diosa Anand es otro nombre de la diosa Morrigan, y era una de las tres hermanas (Badb, Macha). Anand, Badb y Macha eran las hijas divinas de la diosa Ernmas (ampliamente conocida como la diosa madre irlandesa). Estas tres diosas hermanas suelen llamarse colectivamente Morrigan o las Morrigan. A veces los nombres de Morrigan o Anand se intercambian con Fea o Nemain, pero esto varía de un mito a otro.

Para entender la aparición de esta diosa triple como Morrigan, conviene señalar que esta naturaleza triple es esencialmente inconsistente y ambigua. La naturaleza triple de la diosa Morrigan es bastante representativa de las fases lunares (es decir, lunas crecientes, llenas o menguantes), lo cual es bastante interesante de observar.

La diosa Anand, Anann o Anu es uno de los aspectos o formas de la poderosa Morrigan y se considera la diosa celta irlandesa de las doncellas. Es la diosa de la fertilidad y de la tierra y está profundamente relacionada con el mar y los ríos que fluyen por el mundo. Por otro lado, la diosa Macha (otra forma de la diosa Morrigan) se representa como la forma de diosa madre celta irlandesa de Morrigan. Macha también está fuertemente asociada a los aspectos de protección, fertilidad, soberanía y tierra, junto con sus atributos guerreros.

Se la suele representar con el pelo rojo y se la asocia con el elemento fuego. A Macha se la suele relacionar con los caballos y los cuervos. Por último, la Badb está considerada como una deidad celta irlandesa de tipo anciana (otra forma de la diosa Morrigan). También se la reconoce como la Badb Catha, que se traduce literalmente como "cuervo de batalla". Badb también está fuertemente relacionada con la muerte, la guerra y la profecía. Entre los animales vinculados a ella se encuentran los cuervos y las cornejas. Las tres diosas son asombrosamente poderosas y traen consigo una gran energía divina.

Esencialmente, la apariencia de triple diosa de Morrigan es significativa sobre todo por su relación con la importancia celta del concepto de trinidad o del concepto de triunidad. Al mismo tiempo, Morrigan puede ser vista como una diosa que aparece sola, por lo que el concepto de Morrigan y sus nombres intercambiables es un reto para describir y comprender. También es posible que se vea a la diosa Morrigan como una diosa que aparece sola y, en raras ocasiones, su nombre es curiosamente intercambiable con el de Badb.

### Morrigan y Danu

Nadie ha tenido el mismo estatus etéreo que la diosa Morrigan entre todos los dioses y diosas celtas. Un rasgo central que atraviesa tanto a Danu como a Morrigan, y que las une, es su asociación con la fertilidad y los ríos.

Si miramos de cerca la historia mitológica, tenemos establecido que la poderosa deidad Morrigan pertenecía a la tribu divina de Tuatha Dé Danann, que resultó ser el pueblo de la gran diosa Danu. Según la tradición popular, Tuatha Dé Danann era la tribu mítica de seres divinos que estableció un asentamiento en la tierra irlandesa, y esto fue antes de que llegaran los antepasados de los galos modernos (es decir, los milesios). Histórica y mitológicamente, esta tribu era de los descendientes de la deidad Danu, y el poderoso Dagda (que era hijo de Danu) resultó ser el líder de los Tuatha Dé Danann. Esta tribu estaba formada por dioses, diosas y héroes que poseían grandes habilidades en ciencia, magia, arte y poesía.

Danu ha sido respetada y adorada como la diosa madre, pero hay mucho misterio en torno a su origen. Sin embargo, Danu resultó ser la diosa del poder, la soberanía y el ser. Al ser una diosa madre, se creía que varios dioses amamantaron a través de ella para recibir la sabiduría. Danu ha sido vinculada a varios dioses y diosas celtas fuera y dentro de Irlanda. Según las tradiciones neopaganas, es interesante observar que Danu era venerada como una de las diosas triples y está vinculada con la Morrigan. El nombre "Anu o Annan" y Danu son sorprendentemente similares, y por ello, algunos creyentes paganos pensaban que la gran madre Danu era solo una de las muchas caras de la diosa Morrigan.

### Diosas Ériu, Banba y Fódla

Según los textos mitológicos, las Morrigan son las hermanas de la tríada de diosas de la tierra, Banba, Ériu y Fódla. Cuando se examinan los textos mitológicos irlandeses, Ériu (a veces llamada Eire) es reconocida como la hija de Ernmas y Delbaeth de Tuatha Dé Danann.

A Ériu se la considera la diosa de toda Irlanda y también se cree que se la considera una personificación. Mientras que Banba (también llamada Banbha) es venerada como una deidad patrona de Irlanda. Se casó con el nieto de Dagda (Mac Cuill) y fue una de las deidades más importantes de la tradición irlandesa. Según el folklore (una variación de la leyenda de Cessair), Banbha fue la primera deidad que llegó a las tierras irlandesas antes del diluvio. Cuando los milesios viajaban por las tierras irlandesas, eran acogidos por tropas mágicas de hadas y por la diosa Banba como anfitriones. Se escribió que esto llegó a ocurrir. Se cree que ocurrió en la Montaña de Senna (Mes). Banba ha sido considerada como la diosa de la tierra también por esta razón. Sin embargo, también era conocida como la diosa de la guerra y la fertilidad (al igual que la Morrigan). La tercera diosa, Fódla, también era conocida por los nombres de Fotla, Fódla, Fodhla o Fola y se encontraba entre las gigantas de Irlanda.

Estas tres hermanas pidieron a los milesianos que concedieran sus nombres al país, y su deseo se cumplió. Aunque Ériu se convirtió en el nombre famoso, Fódla y Banba también se utilizan para referirse a Irlanda en los textos poéticos. Según algunos historiadores, las diosas divinas vinculadas a Banbha, Eire y Fódla eran las tres Morrigan (Macha, Badb y Morrigan).

# Diosa de la fertilidad, la abundancia y la tierra

Al revisar los textos de la mitología celta, Morrigan es descrita principalmente como la diosa oscura de la guerra o de la muerte. Sin embargo, ahora que hemos hablado de otros muchos aspectos de la diosa Morrigan, es bastante evidente que hay mucho más que aprender sobre ella. Como ahora entendemos, Morrigan es también la diosa responsable de la soberanía de la tierra. Por lo tanto, a sus polifacéticas autoridades se añade también el estatus de protectora. Su asociación con los animales y su capacidad para transformarse en cualquier número de ellos da aún más credibilidad a su posición como diosa Morrigan se representa a menudo con las formas animales de un cuervo o una corneja. Sin embargo, en algunas ocasiones, sobre todo en los relatos del ciclo del Úlster, Morrigan fue representada por un lobo y una vaca. Estas representaciones animales de Morrigan sugieren que también es una diosa de la tierra y la fertilidad.

La diosa Morrigan está vinculada con los animales (el ganado o las reses en particular) y la fertilidad de la tierra. Aunque las historias generales y populares sobre Morrigan la describen como una diosa oscura, poderosa y siniestra, y más folklore le sigue atribuyendo autoridad sobre el dominio de la imponente sexualidad femenina, ya hemos hablado de la imponente sexualidad de la diosa Morrigan, y es por ello por lo que también tenía muchos atributos terrenales y fértiles. De hecho, algunos historiadores incluso sostienen que el papel de "portadora de presagios durante las batallas" puede no ser el papel dominante o definitorio de la diosa Morrigan porque muchas de sus actividades e intereses han tenido un aspecto tutelar. Era la cuidadora de la tierra, la sociedad y el ganado. Estos son los papeles que requieren un espíritu nutritivo y un cierto grado de terrenalidad. Uno de sus atributos o poderes dominantes era el poder de cambiar de forma, y puede interpretarse como una expresión manifiesta que muestra su afinidad con todo el universo viviente.

## El protector de los intereses del pueblo

Un interesante registro titulado Cath Maige Tuired' (La batalla de Magh Tuireadh) es un texto de saga doble del ciclo mitológico de Irlanda. Este texto se refiere a las dos batallas de Connacht, cuyos detalles se han comentado en capítulos anteriores (la primera batalla ocurrió en el territorio de Conmhaicne Cuile Tuireadh, y la segunda tuvo lugar cerca del Lough Arrow en el condado de Sligo). Según el Cath Maige Tuired, Morrigan es una diosa protectora. Para algunos, puede parecer bastante sorprendente reconocer a la poderosa diosa Morrigan como la diosa protectora que salvaguarda los intereses de su pueblo. No solo eso, sino que además de la guerra, también se la asocia fuertemente con la fertilidad.

Así pues, hay muchas pruebas de que la diosa Morrigan se ha preocupado principalmente de la prosperidad de su tierra, de su vida animal, de la fertilidad y de mantenerla a ella y a su clan elegido a salvo de todas las fuerzas externas y ataques espirituales. Si se analiza esto más a fondo, dentro del contexto histórico, un aspecto destacado de las batallas y las guerras ha sido siempre la seguridad y la protección de la gente de esa tierra contra las fuerzas externas o la agresión. En la cultura celta, era bastante común que las mujeres participaran en las guerras sin perder sus atributos femeninos, e incluso se les permitía desempeñar funciones de liderazgo. Ocupaban su lugar junto a los hombres y eran tan fieras o más que ellos. Por lo tanto, es bastante fácil visualizar cómo se registra el folklore en torno a la participación de Morrigan en la guerra, ya que tiene que ser un acto de protección principalmente como defensa de su pueblo y de su tierra, con la misma fiereza que cualquier madre que protege a su descendencia.

Por lo tanto, de esta manera, la diosa Morrigan es ilustrada como lo que parece ser una manifestación de soberanía y diosa de la tierra. Esto solidifica allí un papel de Morrigan como diosa guardiana que protege el terrorismo y a las personas. Se la considera así porque participa activamente en asegurar la solidaridad política o militar de la tierra actuando como diosa soberana (en vez de como mera diosa de la guerra).

## Morrigan como deidad madre

Este es otro atributo de crianza que se ha asociado a Morrigan, pero para visualizarla en este papel, es importante desafiar las nociones estereotipadas sobre una madre. Una preconcepción malsana y poco realista sobre las "madres" es que deben entregarse por completo a los hijos, pero esto no es una propuesta razonable y sana. La maternidad se asocia a menudo con el equilibrio. Una madre puede ser severa y autoritaria en ocasiones, pero una madre siempre ama a sus hijos, y la severidad que se deriva de ser madre es siempre desde un punto de vista protector y amoroso. Además, se la representa como una poderosa mujer divina que dirige sus energías creativas y nutritivas hacia sus hijos o hacia ella misma. Morrigan es representada como la que puede dar la vida o quitarla también.

## Asociación con las masas de agua

Además de la asociación entre Morrigan y la tierra, también se la relaciona con las masas de agua, como los ríos y el mar. Muchas figuras maternas celtas tienen vínculos con el agua, y muchas de las diosas de la cultura celta están relacionadas con los ríos. Danu es lo mismo. La diosa madre encarna las cualidades del agua, fluyendo con profundidad y propósito. Esta conexión con el agua se extrapola aún más para desarrollar una fuerte conexión con la curación y la fertilidad. El agua da lugar a un nuevo crecimiento, convirtiendo la tierra seca en una nueva vida.

Dagda y Morrigan eran compañeros. ¿Y dónde se unieron? En un río, por supuesto. Cuando Dagda estaba en batalla, tenía que cruzar un río. Morrigan tomó la forma de una anguila y ofreció su amor a Dagda. Es solo apropiado que se unieran en el agua que fluye, y este tema continuó a lo largo de la vida de Morrigan: invocó una lluvia mágica parecida a la sangre para luchar contra sus enemigos, convirtió a un enemigo en un charco de agua e interactuó con el agua de muchas otras maneras para ayudar y repeler.

## Asociación con el ganado

Otro indicio de la condición de Morrigan como diosa de la tierra se debe a las representaciones de ella como ganado en la mitología. Como hemos mencionado antes, Morrigan también aparecía como loba y como vaca. De hecho, una vaca es una forma que adoptó con bastante frecuencia. También se la asocia con el ganado y, por tanto, tiene un fuerte vínculo con la fertilidad y la tierra también. Históricamente, el ganado solía estar vinculado con diferentes diosas de los ríos, ya que su leche era similar a las aguas que enriquecían la vida y fertilizaban las tierras. Como ya se ha dicho, el estatus y la riqueza de la sociedad celta se medía, sin duda, por la cantidad de ovejas, ganado y otras cabezas de ganado, ya que eran fuertes indicadores de riqueza y no se consideraban simplemente una fuente de alimento.

Morrigan también estaba vinculada a los caballos, por lo que, una vez más, se establece su conexión con los conceptos de fertilidad y tierra. Esto se debe a que los caballos también eran un indicador de riqueza y abundancia, siendo tan valiosos como el resto del ganado, ya que se utilizaban para los viajes, la agricultura e incluso durante las guerras. Además, como los caballos son animales solares, están fuertemente asociados a la fertilidad.

## Conexión con Morrigan como diosa de la fertilidad

La diosa Morrigan es una deidad poderosa y puede ser invocada para obtener apoyo y bendiciones en momentos difíciles. El propósito principal puede ser cualquier cosa, desde la superación de una batalla en la vida real hasta la fertilidad o la abundancia en la vida. Una de las mejores y más sencillas formas de conectar con la diosa Morrigan es adquirir conocimientos mitológicos y simbólicos sobre ella. Hay varios rituales e invocaciones que puede realizar para desarrollar una conexión más profunda con la Morrigan (solo compartiremos los hechizos brevemente porque se discutirán con más detalle en los próximos capítulos).

A continuación, presentamos una de las invocaciones a la diosa Morrigan. Con esta invocación, puede realizar un sencillo ritual que requerirá un caldero de color negro (lleno de agua). Añada una moneda de plata de gran tamaño que será una representación simbólica de la luna porque Morrigan también es venerada como la diosa de la luna. Puede colocar una imagen de la diosa Morrigan delante de usted y comenzar a invocarla.

> *"Madre Morrigan de la vida y la muerte*
>
> *Te llamo para que me guíes y me des fuerza*
>
> *Ayúdame a hablar contigo en mi aliento*
>
> *Y a librar mis batallas con sabiduría*
>
> *Ayúdame a comprender la situación que se presenta*
>
> *Y a tomar las decisiones correctas para defender mi tierra*
>
> *Concédeme sabiduría en todo lo que haga*
>
> *Te invoco ahora para que me veas salir adelante"*

Debe mirar atentamente el caldero una vez que haya terminado de recitar la invocación con plena dedicación y concentración. Concéntrese en la moneda de plata y recuerde que Morrigan es la poderosa diosa de la luna. Debe tratar de usar su tercer ojo y concentrarse en escuchar cualquier posible mensaje que la diosa Morrigan pueda tener para usted en ese momento. Una vez que haya terminado todo el ritual, no olvide conectarse a tierra y cerrar el círculo. Otra cosa útil es poner unas hojas de laurel bajo la almohada antes de irse a dormir esa noche, porque la diosa puede visitarle mientras duerme o enviarle mensajes en sus sueños. Estos sueños proféticos de adivinación se intensifican gracias a las hojas de laurel.

# Capítulo 6: Construir un altar para la Morrigan

Para los seguidores de la Morrigan, tener un altar en su casa es especial e indicativo de un verdadero homenaje a la diosa celta. Y el hecho de que se haya tomado la molestia de hacerlo usted mismo e impregnarlo con su energía y emoción únicas lo hace aún más excepcional. Aunque mucha gente piensa que el propósito del altar es ser únicamente un lugar de oración y un lugar donde celebrar a Morrigan, el verdadero propósito del altar es darle un enfoque.

Para sacar el máximo partido a sus prácticas con Morrigan, necesita estar concentrado, y el altar es lo que le ayudará a desarrollar esa concentración. Por ejemplo, si quiere hacer una oración, su agudeza mental debe centrarse en la concentración estudiosa de los poderes divinos de Morrigan y en contemplar cómo puede buscar su ayuda en sus asuntos. Si está tratando de utilizar la magia para su propia mejora o para la mejora de un amigo o familiar, va a concentrarse en su energía y en la energía de Morrigan. Si está tratando de buscar orientación e iluminación, entonces su enfoque estará en tratar de conectarse con los guías espirituales, Morrigan y su ser superior para lograr este conocimiento y sabiduría.

En todas estas prácticas y en otras, el objetivo de todo el proceso es desarrollar de alguna manera un enfoque específico en la tarea que se está llevando a cabo. Puede utilizar una serie de instrumentos para hacerlo, pero el altar es fácilmente la mejor opción.

Cuando esté tratando de alcanzar estos objetivos, recuerde que todos funcionamos de diferentes maneras y a diferentes ritmos. Para algunas personas estar en un espacio cerrado es la mejor manera de concentrar su mente, mientras que para otras es más eficaz estar al aire libre en un espacio abierto y más cerca de la naturaleza. Algunos prefieren las primeras horas de la mañana para su meditación, mientras que otros prefieren meditar a última hora de la noche. Todos tenemos nuestras propias preferencias, y a cada persona le funcionan cosas diferentes. El altar está pensado para ofrecerle un lugar en el que pueda potenciar sus habilidades en lo que sea que esté haciendo, así que tiene sentido personalizarlo y modificarlo según lo que funcione para usted. Además, no hay ninguna regla rígida sobre lo que puede o no puede incluir un altar, y realmente depende de usted decidir lo que quiere hacer con él.

Hay algunas cuestiones que hay que tener en cuenta a la hora de construir su altar. La Morrigan tiene rasgos y características distintivas que la hacen ser quien es. Ciertas cosas son más propicias para la Morrigan, y su uso funciona mejor a la hora de conectar con su espíritu, llamar su atención y atraer su energía. Por ejemplo, puede utilizar cualquier tipo de tela para su altar en cualquier color, pero el negro y el rojo tradicionales funcionan mejor porque son colores simbólicos para ella y serán más efectivos. Algunas personas pueden encontrar que el azul funciona bien para sus intenciones, ya que ella también está conectada al agua junto con sus otras influencias. Cuando se está empezando, es mejor atenerse a la tradición y tratar de encontrar su lugar dentro de ella. Si no le gusta el negro, puede elegir el rojo, ya que ambos colores son excelentes para un altar de la Morrigan.

Este enfoque le facilitará mucho la elaboración de un altar en cuanto a la obtención de los recursos adecuados y le ayudará a crear algo que tenga un buen aspecto y sirva bien a su propósito.

En su forma más básica, un altar puede ser simplemente un cuadro en la pared o una mesa limpia en un espacio donde no haya distracciones. Los altares pueden ser grandes y elaboradas construcciones de objetos difíciles de encontrar y obras de arte de la forma más compleja. El altar doméstico medio será algo intermedio entre estos dos extremos. Además, será un altar que servirá para una variedad de propósitos, a menos que quiera construir altares especializados para diferentes actividades.

# Ubicación

¿Dónde colocará su altar?

Para la mayoría de las personas, el mejor lugar es su dormitorio. Es un espacio cerrado e íntimo en el que pueden acceder al altar siempre que lo deseen sin preocuparse de tener distracciones cerca o de molestar a los demás mientras lo utilizan. Si vive en un alojamiento compartido y no quiere incomodar a los demás o si simplemente no tiene espacio en ninguna otra parte de la casa, su habitación es un buen lugar para empezar. Si está haciendo un altar para toda la familia o algo que le gustaría compartir con todos los demás en su alojamiento, considere la posibilidad de colocarlo en el salón o en cualquier zona común donde todos tengan fácil acceso a él.

Es importante tener en cuenta que un altar creado específicamente para que usted lo utilice será ligeramente diferente de un altar destinado a ser compartido. Así que, aunque tenga un altar familiar en el salón, sigue siendo una buena idea tener uno personal en su habitación o en algún lugar privado donde pueda centrarse en sí mismo.

Una vez decidida la habitación, lo siguiente a considerar es dónde colocar su altar. Por lo general, la gente no tiene mucho espacio libre en sus habitaciones, así que el altar va donde pueda colocarse cómodamente. Si está construyendo la habitación desde cero o está dispuesto a hacer grandes reajustes para acomodar un altar, debería mirar la geomancia para conseguir el mejor lugar en su habitación. La geomancia es un método de adivinación basado en la posición de los objetos. Hay algunos principios fundamentales de la geomancia que debería tener en cuenta si tiene la suerte de construir su habitación y su altar desde cero.

- El Norte es la dirección de la sabiduría.
- El Este es la dirección de la creatividad y los nuevos comienzos.
- El Sur es la dirección de la acción.
- El Oeste es la dirección de la emoción y de la mente subconsciente.
- Todo lo que está a su derecha se considera "arriba" y está conectado con Dios, la materia y la manifestación en sentido físico.
- Todo lo que está a su izquierda se considera "abajo" y está conectado con la diosa, con el espíritu y con la limpieza.

Con estos principios en mente, puede elegir un lugar para la habitación en función de lo que quiera trabajar y de lo que quiera manifestar en su vida. Para los principiantes, se aconseja empezar por el norte, ya que el conocimiento y la sabiduría son la base de todo lo demás. Además, el norte también incorpora aspectos de todas las demás direcciones en proporciones saludables. Ir hacia cualquier otra dirección desde el principio puede hacer que obtenga resultados que se inclinen demasiado hacia esa área en particular y creen desequilibrios en otras áreas.

La otra cosa que hay que saber es que el propio altar también puede interpretarse según las reglas de la geomancia.

Algunas de las reglas más importantes a tener en cuenta son:

- El lado derecho del altar se considera la parte "caliente". Se asocia con Dios, el sol, la energía física y los elementos del aire y el fuego.

- El lado izquierdo es la parte "fría". Se asocia con la diosa, la luna y las estrellas, la energía espiritual y la magia, y los elementos físicos del agua y la tierra.

- El centro del altar se asocia con el espíritu, que forma parte tanto del dios como de la diosa.

# Preparar el espacio

Con su ubicación decidida, necesita preparar el área antes de instalar su altar. Dado que el altar tiene que ver con su energía, le ayuda a gestionar su energía y a concentrarla, quiere que el espacio esté limpio de cualquier tipo de energía negativa. La energía interactúa constantemente con las cosas tangibles e intangibles que la rodean, por lo que es muy sensible a las cosas que hay en ese espacio. La mejor estrategia para empezar a construir su altar es hacer una limpieza energética del espacio y luego pasar directamente a la construcción. Tenga preparados de antemano sus accesorios, herramientas y materiales necesarios. En cuanto haya terminado la limpieza, empiece a construir el altar y complételo de una sola vez.

# Mesa de altar

La mesa de altar es cualquier superficie sobre la que se hace el altar. No tiene por qué ser una mesa. Puede ser cualquier tipo de superficie plana en la que pueda colocar todos los accesorios de su altar. Históricamente, los altares se hacían fuera de la casa, en el jardín o en un lugar central del barrio del pueblo, para que toda la comunidad pudiera tener acceso a él cada vez que necesitara utilizarlo. En este caso, el altar se hacía en el suelo o sobre un tronco, o una gran roca. El objetivo era mantener el altar lo más cerca posible del suelo y, por tanto, conectado a la Madre Tierra.

Con los altares de interior, esto puede ser difícil de hacer, por lo que es mejor utilizar una mesa. Como el objetivo es conectar con la madre tierra, es preferible utilizar una mesa de material natural como la madera o el mármol. Como mínimo, debería tener una mesa con materiales naturales para el tablero, como la madera, y otros materiales como el acero o materiales artificiales para las patas.

Si tiene poco espacio, puede hacer un altar improvisado en un mueble existente. Puede hacer un altar en una pequeña parte de su mesa de trabajo, o puede utilizar una estantería vacía como mesa o incluso tenerlo en su tocador. Algunas personas incluso añaden un frasco de tierra a la mesa del altar en un esfuerzo por reavivar la conexión con la madre naturaleza, aunque esta es una práctica menos común.

# Mantel

El mantel del altar es el elemento central de su altar y debe ser cuidadosamente elegido o elaborado. En la antigüedad todas las telas se hacían a mano y se consideraba un lujo poseerlas. Colocarlo en el altar era una forma de respeto al espacio. Hoy en día, la tela se ha vuelto mucho más asequible. Aun así, se recomienda utilizar un tipo de tela natural en lugar de un material sintético moderno.

Hay varias formas de adaptar la tela y personalizarla. Por ejemplo, puede conseguir un trozo de tela sencillo y hacer un bordado en él usted misma. Otra idea que podría utilizar si la costura no es su punto fuerte es pintarla con signos y símbolos que resuenen con su filosofía. Incluso podría cortar y diseñar especialmente la tela para que se ajuste a sus gustos y necesidades específicas.

Si tiene un tipo de tela extraordinaria, quizá una reliquia o algo que le resulte muy cercano, utilícela. El propósito de la personalización es crear una conexión entre usted y los objetos del altar, en este caso, la tela. Trabajar con el material durante la fase de personalización o utilizar algo cercano a usted ayuda a crear un vínculo único con su altar.

# Velas

Las velas son siempre una parte crucial de un altar y, en este caso, representan el elemento del fuego. Algunas personas prefieren las velas de cera, mientras que otras eligen las lámparas de aceite, pero la idea es tener alguna forma de fuego y luz en el altar. También puede combinar esto con el elemento aire teniendo una vela perfumada. De este modo, no necesitará tener incienso por separado.

Las velas en sí mismas tienen su propia energía, y cuando enciende velas en un altar, aumenta el nivel de energía general. También crea energía en la forma de la llama, que añade energía a la zona y a otros elementos que utilice. No hay límite en el número de velas que puede tener. Consígalas en los colores que más le gusten, con las fragancias con las que se sienta cómodo. Las velas perfumadas pueden tener un aroma bastante fuerte, así que utilice primero un par y luego siga a partir de ahí.

# Colores

El altar está decorado con muchos objetos, pero a menudo notará que todos tienen un color similar, o que hay un tema de color dominante en todas las decoraciones. Hay una gama de colores que se pueden utilizar para el altar de Morrigan, y depende de los colores que le gusten a la diosa y de lo que funcione para usted. El color favorito de Morrigan y el más destacado en los altares que se le dedican es el rojo.

Ya sea el color de la tela que utilice o el de las velas que encienda, encontrará el rojo en muchos altares de Morrigan. Otros colores que puede utilizar son el negro, el marrón, el azul oscuro, el morado, el verde y el blanco.

Si utiliza piedras para decorar su altar, busque también piedras de estos colores, preferiblemente naturales, para mantener la conexión con la tierra. Algunas piedras pueden llegar a ser extremadamente caras, como las esmeraldas azules, por lo que no está de más utilizar alternativas mucho más baratas que tengan el mismo color, pero no el precio.

# Gemas y cristales

Hablando de piedras, varias piedras se asocian con Morrigan y pueden utilizarse en su altar. Las más comunes son el azabache, la amatista, la obsidiana, el granate, el cuarzo transparente y la esmeralda.

Algunas de estas piedras también se pueden encontrar en diferentes colores. Por ejemplo, si no puede encontrar cuarzo claro, consiga cuarzo rosa, ya que funcionará. Todas estas piedras tienen rasgos y propiedades que se les atribuyen. Por ejemplo, el cuarzo transparente es una piedra preferida porque engloba la energía de todas las demás piedras, cubre todos los aspectos de Morrigan y es una piedra que puede ayudar a amplificar su propia energía también. Por sí sola, es una piedra con energía neutra, y funciona bien con otras piedras.

Luego hay piedras que sirven para un propósito muy específico. Por ejemplo, la obsidiana es una piedra semipreciosa que se utiliza exclusivamente para la protección y la eliminación de la energía negativa. Es una piedra estupenda para protegerse tanto en el ámbito físico como en el espiritual, y su profunda conexión con la tierra ayuda a enraizar su altar mejor de lo que podría hacerlo cualquier otro objeto. Esta es la única piedra que deben elegir las personas que necesitan ayuda para conectarse a tierra. Otras piedras, como el cuarzo transparente, pueden sustituirse por otro tipo de piedra, pero ninguna tiene el mismo poder que la obsidiana.

# Incienso

El incienso es igualmente importante de tener en su altar porque representa el elemento aire. Se puede utilizar cualquier tipo de incienso, ya sea aceite, varilla, polvo o cualquier otra forma. Es posible que tenga que sostener el incienso para algunos rituales, por lo que es mejor conseguir un tipo de incienso que pueda sostenerse fácilmente en las manos.

Algunos inciensos pueden ser únicos, pero tienen sus dificultades. Por ejemplo, el incienso en polvo está pensado para ser quemado sobre carbón. Aunque es un gran complemento para el altar, no será la mejor solución para un altar de interior, especialmente uno en una habitación cerrada. Las varillas y los aceites funcionan mejor para su uso en interiores.

También puede utilizar palos de sahumerio. Estos son esencialmente solo hierbas secas que han sido atadas para crear un manojo que usted puede quemar. Son estupendas para limpiar espacios, pero pueden ser difíciles de manejar, ya que a menudo producen chispas y dejan un rastro de ceniza al caminar con ellas, así que tenga cuidado con ellas.

También hay varios tipos de incienso incombustibles que puede utilizar si es especialmente sensible al humo o en un entorno en el que no es posible tener una llama abierta. Existen máquinas de incienso eléctricas que funcionan con cápsulas de aroma reemplazables.

Puede utilizar una hierba o planta para el incienso en situaciones extremas. Si consigue una rosa fresca, un poco de lavanda o un poco de salvia, son apropiados por su valor decorativo y su fragancia. El simple hecho de calentar estas plantas sobre una vela o colocarlas cerca de una chimenea intensificará su aroma y alegrará todo el espacio.

Cuando coloque su incienso, manténgalo a la derecha de su altar.

# Hierbas, plantas y frutas

Diferentes hierbas, plantas y frutas se utilizan como decoración y ofrenda en el altar. Algunas de las mejores cosas que se pueden utilizar en este sentido son

**Avena tradicional:** puede utilizarla cruda y colocarla en un cuenco sobre el altar. Asegúrese de no utilizar avena instantánea; la avena a la antigua es la que hay que conseguir.

**Manzanas:** un tentempié favorito de la diosa y una fruta que era extremadamente popular en la cultura pagana. Las manzanas son un signo de vitalidad y vida y un regalo maravilloso para la diosa.

**Bayas de enebro:** antes de que estas bayas se hicieran populares por el alcohol que se hace con ellas, eran conocidas como parte integral de la cultura pagana, especialmente cuando se trataba de la Morrigan. Estas bayas se asociaban con la protección y las habilidades psíquicas. Ayudan al usuario a alcanzar estados superiores de conciencia durante la adivinación y son una parte importante de algunos rituales de protección.

**Artemisa:** esta planta común puede utilizarse en su forma vegetal como adorno, o se puede hacer un té de artemisa con la versión seca de la planta y utilizarlo como ofrenda en el altar. Se asocia con la fertilidad y funciona muy bien en el altar de Morrigan.

**Roble:** es uno de los árboles más significativos en la cultura pagana y se asocia con el conocimiento, la sabiduría, la magia y el bienestar. La práctica más común es utilizar la bellota del roble. Tradicionalmente, la gente escribía o dibujaba una imagen de lo que deseaba en la bellota y la colocaba en el altar. Es una forma de mostrar a la diosa lo que se desea y darle la responsabilidad de hacerlo realidad en su vida.

# Capítulo 7: Badb - Aprender el arte de la adivinación y la profecía

Como sabe, la Morrigan adopta numerosos papeles y se manifiesta de diferentes formas. La gente elige conectarse con la diosa por muchas razones. Por ejemplo, algunas personas pueden estar buscando orientación con respecto a sus batallas personales, mientras que otras pueden necesitar reunir la fuerza para romper ciclos y dejar ir las cosas que ya no les sirven. Sin embargo, en este capítulo, el enfoque principal será conectar con la Morrigan en la forma de Badb, o la diosa de la profecía.

Además de sus habilidades para cambiar de forma, la Morrigan es más conocida por sus actividades de adivinación y profecía. Como podrá recordar, la mayor parte de su mitología, si no toda, incorpora presagios y profecías. Su profecía más renombrada fue la que hizo después de la Segunda Batalla de Moyturra, prediciendo resultados tanto positivos como negativos de la batalla. En una de sus varias manifestaciones, particularmente como Macha, visualizó el derramamiento de sangre y la destrucción que tendría lugar como resultado del robo del toro de Cooley. El Badb incluso apareció en uno de los sueños de la reina Medb como un fantasma para advertirle de la muerte de su hijo. También se le apareció a Cú Chulainn como una mujer que lavaba la sangre de una armadura antes de que él fuera a la batalla, señalando que su fin estaba cerca. Hay un vínculo muy fuerte entre las habilidades proféticas y el habla y la Morrigan.

Conectar con la Badb como diosa de la profecía es algo que a mucha gente le cuesta hacer. Lo que no necesariamente se dan cuenta es que no hay pasos claros sobre cómo hacerlo. La forma en que una persona conecta con su deidad, independientemente de su papel, depende de cada individuo, así como del nivel de conexión que desee. Construir una relación con la Morrigan no es un tema que deba tomarse a la ligera o frívolamente.

Forjar este tipo de conexión con una deidad tiene infinitos beneficios. Sin embargo, este empeño conlleva increíbles responsabilidades. Para construir este tipo de relación, tiene que remodelar algunos aspectos de su vida y hacer un esfuerzo y un espacio para satisfacer sus demandas. Aunque este cambio puede ser muy desafiante, la Morrigan también sacará a relucir cualidades que no sabía que tenía. Trabajar con la Morrigan le da fuerza y aumenta sus capacidades intuitivas. Cuando esté en su vida, la protegerá a usted y a sus hijos como si fueran suyos.

Para entablar una relación con la Morrigan, necesita hacer un espacio para ella tanto en sus prácticas devocionales como en su vida. Necesita entregarse a actividades que faciliten sus interacciones con ella y le permitan escucharla. Al principio, puede sentirse incómodo con los cambios que está haciendo. Sin embargo, cuando encuentre una práctica espiritual con la que se sienta cómoda trabajando, se beneficiará de la experiencia a un nivel más íntimo.

Su práctica debe ser personal y estar adaptada a sus necesidades. Debe significar su deseo de trabajar con la diosa. Cuanto más constante y persistente sea, más comprometida estará.

Cuando intente trabajar con una deidad, el lugar más obvio para comenzar su viaje es investigar y estudiar a su deidad tanto como pueda. Afortunadamente, después de leer los capítulos anteriores, ya conoce las diferentes apariencias y facetas de la diosa. También conoce sus funciones en la mitología y los cuentos celtas, lo que le permite conocer su carácter y comportamiento. Después de aprender todo sobre la deidad con la que desea trabajar, es importante que le construya un altar que la represente a ella y a su herencia, lo que hemos tratado en el último capítulo. Después de esto, tiene que adentrarse en prácticas que le acerquen a la deidad, faciliten su conexión con ella, que participen en rituales y que proporcionen ofrendas a su deidad (más adelante se hablará de ello).

Este capítulo trata de las diversas prácticas de adivinación que apelan al poder de guía, asistencia y previsión de la Morrigan. Después de todo, no hay mejor manera de trabajar con Badb, la deidad de la profecía y la adivinación, que aprendiendo todo lo que pueda sobre ella. En este capítulo aprenderá todo sobre las runas celtas, los espejos negros y las técnicas de visualización. También aprenderá a utilizar un oráculo o las cartas del tarot para trabajar con la Morrigan.

# Runas celtas

Las explicaciones y los significados de las runas celtas pueden variar según la fuente que se utilice. Sin embargo, fundamentalmente, los alemanes de la época medieval utilizaban las runas, que son un tipo de letra, para escribir escrituras en las piedras. La idea detrás de la runa es transmitir información mística u oculta. La palabra *runa* deriva de un término nórdico que significa *secreto* o *algo oculto*. Por ello, solo unos pocos conocían el significado de los signos utilizados, y esto se mantenía en secreto para las masas. Aunque eran muy exclusivas en honor a la magia y a las prácticas místicas, con el tiempo las runas se tradujeron del alemán al inglés moderno, lo que las hizo más difundidas y accesibles.

La gente empezó a utilizar las runas cada vez menos tras la introducción y la accesibilidad del alfabeto romano. Aunque su uso ha disminuido considerablemente, siguen siendo muy populares debido al misterio que las rodea y a la energía divina y mística que poseen.

Existe mucha controversia e inexactitud respecto al origen de las runas celtas. Sin embargo, un hecho del que estamos seguros es que las runas estaban esencialmente vinculadas a la divinidad y a los poderes superiores. Los estudiosos han encontrado runas celtas en varios objetos, como lanzas, barcos vikingos, copas y piedras. Lo más común es encontrarlas talladas en guijarros.

Dado que las runas celtas son muy poderosas, todavía se utilizan comúnmente entre los paganos. Además de utilizarse con fines predictivos, razón por la que recomendamos incorporarlas a sus prácticas devocionales de Badb, también tienen mucha influencia positiva que ofrecer. Por ejemplo, muchas personas utilizan las runas celtas para revitalizar su esperanza, reforzar su poder y atraer la abundancia y la buena fortuna a sus vidas.

Las runas celtas también son especialmente poderosas cuando se trata de protección. Puede grabarlas en un anillo o en el colgante de un collar y llevarlo siempre consigo. Esto puede ayudarle a protegerse de las fuerzas malignas y atraer diferentes bendiciones a su vida. A muchas personas también les gusta utilizar las Runas para tomar el control de su futuro. Con la guía que reciben de las Runas, son capaces de hacer lo que quieran de su futuro. Las lecturas rúnicas pueden realizarse centrándose en sus caracteres. El objetivo principal es permitir que las runas guíen a su subconsciente hacia sus predicciones. Para completar la lectura, el lector debe extender todas las runas al azar frente a él. Si lo desea, puede formular preguntas específicas para las que puede recibir orientación y respuestas a través de las runas. Puede buscar consejo sobre cualquier asunto que desee. A su vez, recibirán numerosas lecturas y predicciones. Las runas celtas encierran un misterio, sobre todo porque sus respuestas pueden adoptar diversas formas. Sin embargo, una vez que comprenda sus poderes, podrá utilizarlas para enriquecer su experiencia vital y trabajar con el Badb.

# Espejos negros

La adivinación o predicción del futuro mediante un espejo negro tiene algunas reglas y estipulaciones que deben cumplirse antes de iniciarse en este arte. Para empezar, necesita tener un espejo de forma ovalada o redonda. Debe evitar utilizar los de forma cuadrada. Mucha gente cree que los espejos vintage o artesanales son los que mejores resultados dan por la energía tan personal que encierran. Crear un espejo negro es un proceso muy fácil y barato. Todo lo que necesita es un marco de fotos que ya no quiera y un bote de spray negro. La pintura debe ser mate y no brillante. Asegúrese de limpiar muy bien ambos lados del cristal y de que estén completamente secos. Utilice el bote para rociar ligeramente un lado del cristal, asegurándose de mantener el spray a unos 50 cm del cristal. Añada unas cuantas capas más, dejando que la pintura se seque entre ellas. Cuando la pintura se haya secado por completo y no se vea nada a través del cristal, vuelva a colocarlo en el marco. El lado sin pintar debe estar orientado hacia usted. El cristal debe estar limpio y sin manchas para evitar distracciones durante el proceso de escrutinio. El espejo debe estar dedicado estrictamente a los fines del escrutinio. Nadie debe mirarse en el espejo a menos que tenga la intención de participar en el ritual de prestidigitación.

A continuación, se presenta una guía paso a paso para demostrar cómo puede utilizar un espejo negro para la adivinación:

1.  Coloque el espejo en una dirección o en un ángulo que no refleje casi nada. Esto no siempre es fácil de hacer, pero debe dar lo mejor de sí mismo. Si lo desea, puede colocarlo en su altar.

2.  **Opcional:** puede saltarse este paso si lo desea. Sin embargo, puede proyectar un círculo justo delante de su espejo, lo que le permitirá ver el espejo claramente desde su centro. Realice un ritual de protección e invocaciones si desea incorporarlas como parte de su práctica.

3.  Encienda dos velas, colocando cada una de ellas a ambos lados de su espejo. Sus velas pueden ser del color que desee, siempre que no distraigan. Por eso sería inteligente optar por velas de colores apagados o incluso velas de té. Lo más importante es que las coloque correctamente,

asegurándose de que el espejo quede totalmente iluminado sin que se reflejen las velas.

4. **Opcional:** muchas personas consideran que quemar incienso delante del espejo negro es especialmente beneficioso. Utilice uno de combustión lenta sobre un trozo de carbón que permita que el humo aclare el espejo. Puede repetir este proceso tantas veces como quiera a lo largo del ritual. También se sabe que el incienso ayuda a limpiar el espacio y a elevar las vibraciones y la intuición.

5. Medite durante el tiempo que le sea necesario para entrar en un estado muy relajado y mantenerlo. Si no puede mantenerse profundamente relajado, le recomendamos que trabaje en sus habilidades de meditación antes de intentar adivinar.

A continuación, le explicamos cómo puede utilizar un espejo negro para adivinar:

1. Mire al espejo con un *enfoque suave*. Esto significa que debe trabajar para enfocar su visión ligeramente detrás del espejo. Su visión del espejo debe estar desenfocada y borrosa. Todo el espejo debe estar a la vista, pero sus pupilas deben estar enfocadas en algún lugar a unos 3 o 6 centímetros del espejo.

2. Mantenga esta visión durante unos minutos. No es necesario que mire fijamente, puede parpadear normalmente.

3. Cuanto más tiempo mantenga esta vista, más brumoso, grisáceo o nublado se volverá su espejo. En este punto, su experiencia de prestidigitación ha comenzado. Este estado no siempre es fácil de alcanzar. Si tiene problemas, puede que tenga que trabajar para ver las cosas con un enfoque suave antes de volver a su ritual de prestidigitación.

4. Siga manteniendo esta visión de enfoque suave incluso cuando el espejo se empañe por completo. Mantenga una mente abierta y clara. Los pensamientos y visiones pueden flotar en su mente. Permita que se desarrollen a su propio ritmo y acepte la experiencia. Estas son las respuestas o los resultados que está buscando.

Es posible que este ritual no le funcione en su primer intento. Sin embargo, cuanto más lo practique, más útiles serán sus pensamientos y visiones. Su éxito a la hora de adivinar utilizando un espejo negro depende de la sintonía que tenga con su subconsciente, algo que los siguientes métodos también pueden ayudar a conseguir.

# Visualización

La visualización es una herramienta inestimable cuando se trata de potenciar la propia intuición. El proceso pone los sentidos, la mente y la imaginación a pleno rendimiento, permitiendo que la mente formule imágenes propias para ayudar en la adivinación. Ya visualizamos cosas todo el tiempo. Sin embargo, mejorar su capacidad de visualización para permitirle ver las cosas de forma más vívida es importante cuando se trata de la profecía y la adivinación.

He aquí algunos métodos con los que puede experimentar:

1.  Cierre los ojos y piense en cualquier color. Observe todos los pensamientos que le llegan. ¿Qué es lo primero que le viene a la mente? ¿Es un pensamiento sobre la propia palabra o algo que asocia con el color? Escriba sus notas y repita el proceso con diferentes colores. A continuación, visualice las palabras de los colores (en sus colores). Piense en todos los objetos que pueda que sean de ese color. Debería utilizar este método antes de realizar rituales o hechizos.

2.  Cierre los ojos y piense en todos los artículos que pueda encontrar en su despensa. Fíjese en los detalles de cada alimento que le venga a la mente. Después de practicar este método unas cuantas veces, fíjese si hay algo diferente en la forma de visualizar estos artículos. Tal vez, en lugar de limitarse a visualizar una manzana, ahora visualice que muerde esa manzana e incluso que escucha el sonido que produce.

3.  Trabajar la imaginación también puede ayudar a potenciar su visualización. Puede utilizar un generador de palabras aleatorias en línea para generar tres palabras. Escriba los resultados en un papel e intente idear una frase que

incorpore las tres palabras. También puede utilizar un generador de palabras aleatorias para animales. Visualice el animal que le salga. Piense en cómo es, qué hace, dónde vive, etc. Intente imaginarlo con colores extraños o con accesorios raros. Continúe haciendo la imagen del animal tan tonta como pueda.

# Oráculo y cartas de tarot

Las cartas del tarot son herramientas de adivinación muy perspicaces y útiles. Lo mejor de las cartas de oráculo y tarot es que pueden ser aprendidas y utilizadas por cualquiera. Es posible que quiera empezar con las barajas de oráculo si es un principiante, ya que son mucho más fáciles de leer.

Además de estar entre las herramientas de adivinación más populares, las cartas del oráculo y del tarot pueden utilizarse para ayudarle a trabajar con las deidades. El paso más importante para incorporarlos a su práctica de adoración es seleccionar las cartas que representan a la deidad con la que desea trabajar.

La Morrigan se representa típicamente a través de las siguientes cartas:

- **La Muerte - Arcanos Mayores**
- **El Carro - Arcanos Mayores**
- **Nueve de Pentáculos - Arcanos Menores**
- **La Reina de Espadas - Carta de la Corte**

Para incorporarlas a su práctica, puede:

1. Utilizarlas como decoración del altar.

Puede enmarcarlas y colocarlas en el altar.

2. Utilizarlas para la meditación y el viaje.

El uso de las cartas puede resultar útil cuando se trata de entrar en un estado de meditación. Para ello, debe colocar la carta elegida contra el espejo a la altura de los ojos. Puede poner música si lo desea (lo ideal es que esté asociada a su deidad. Por ejemplo, puede buscar música de Samhain para la Morrigan). Coloque dos velas en su altar, una a cada lado de su carta. Sus colores deben representar a su deidad (rojo, blanco o negro para la Morrigan). Apague las luces y siéntese frente a su carta. Debe estar cómodo y preparado para meditar. Cierre los ojos y respire profundamente tres veces. Abra los ojos y concéntrese en la carta. Incluso puede intentar imaginarse a sí mismo viajando dentro de la carta. Relájese completamente e interactúe con su deidad. Pregunte lo que quiera. Puede recibir sus respuestas verbalmente o en forma de símbolos. Cuando se sienta preparado, vuelva al momento presente y agradezca a la Morrigan. Encienda las luces y apague las velas. No olvide anotar todos los detalles de su experiencia.

**Nota:** tenga en cuenta que no debe encender las velas durante las prácticas de meditación o visualización si no va a estar muy alerta. Dado que la mayoría de las prácticas requieren el uso de velas, puede pedir a alguien de confianza que se quede cerca por si ocurre algo.

# Capítulo 8: Macha - Hechizos de protección y soberanía

La Morrigan está estrechamente asociada con el destino y la guerra. Es conocida por predecir la muerte, la perdición o la victoria en una batalla. La diosa también anima a los guerreros a ser intrépidos y valientes, y puede infundir miedo al enemigo. Sin embargo, esto también puede ser posible mediante la realización de hechizos de protección y soberanía. Este capítulo trata de los rituales que puede realizar para llamar a Macha en busca de guía y protección. Mientras se utilizan varios hechizos, usted puede realizar sus rituales y asegurarse de tener un altar apropiado.

# Macha: la diosa del sol

Macha es la diosa del sol. Cuando pensamos en el sol, tenemos pensamientos de verano, nueva vida, felicidad, amor y poder. Aunque el sol es la luz, también es un destructor y puede engullirlo todo a su paso. Macha es a la vez una protectora y una portadora de destrucción.

# Espacio del altar

Lo primero y más importante es que prepare un espacio apropiado para la Morrigan antes de realizar cualquier hechizo y ritual de protección y soberanía. Asegúrese de que su espacio sagrado refleje la herencia celta irlandesa y decórelo con elementos como imágenes de cuervos, sus plumas, una imagen de la Morrigan, un cuenco de agua, velas y otros elementos. A continuación, tras haber investigado bastante, lo primero que debe hacer es investigar las leyendas y los mitos que rodean a la deidad. Debe estar preparado y ser capaz de hacer esto, para saber más sobre cómo realizar sus rituales.

Aunque hay varios rituales que puede realizar, debe entender los puntos fuertes y débiles de cada uno. Macha, la diosa, cree y espera que usted deba mostrar reverencia arrodillándose o inclinándose ante el altar cuando realice su trabajo ritual. Probablemente se haya encontrado con historias y detalles contradictorios y confusos sobre los dioses celtas. Existen detalles contradictorios sobre los dioses y diosas celtas, pero esto no debe influir en usted cuando realice sus rituales. Esta es un área en la que las instrucciones de la mitología y la investigación están de acuerdo para que usted pueda continuar sin miedo.

Ya debería haber montado el altar para la Morrigan, y este puede ser decorado, como se ha indicado en los capítulos anteriores. Coloque una simple pluma en su tocador. La forma de diseñar su altar es una cuestión de preferencia personal. Lo importante es reservar un lugar sagrado donde pueda comunicarse con la diosa y alimentar su relación con ella. Las diosas y los dioses están en todas partes, así que puede colocar su altar en cualquier lugar. Si su dormitorio es conveniente, puede tener allí su altar sagrado.

Esencialmente, su altar será el lugar donde realice todas las actividades que le conecten con su deidad. Es un espacio sagrado e imperturbable que se dedica a la meditación, la comunicación, el ritual y la espiritualidad, independientemente de lo que esté haciendo: pedir ayuda, hacer preguntas o hacer una ofrenda de agradecimiento. Puede dedicar tiempo a realizar rituales en su altar. Puede utilizar este espacio para la meditación y la comunicación con la diosa, mientras que otros realizan ofrendas a sus dioses. Cuando quiera realizar un ritual destinado a curarle o protegerle, es vital utilizar el altar para comunicarse con la deidad. La meditación es un ingrediente clave para todos sus rituales y es una forma eficaz de comunicar su intención a la diosa. Cuando medita, puede fundamentar sus intenciones y decir lo que quiera a la diosa. Debe respirar profundamente cuando medite y expresar libremente sus deseos. Es importante terminar cada sesión expresando su gratitud a la diosa.

# Ritual con velas para la protección

Para llevar a cabo un ritual de protección, necesita una vela roja, ya que este es el color que se asocia principalmente con la diosa, y también refleja poder. Este ritual es una forma fácil de trabajar con la Morrigan para pedirle protección y la eliminación de obstáculos. No hay necesidad de formalidad cuando realice este ritual en particular, aunque puede ser formal si lo desea. La diosa sabe lo que usted quiere, por lo que debe pedirle ayuda y agradecerle siempre su asistencia.

El ritual de las velas para la protección es muy conocido, dado que es fácil de realizar. La diosa irlandesa Morrigan es una entidad triple, y Macha es la mayor, madre de la muerte y gran diosa de los fantasmas. Ella puede aparecer en diferentes formas, pero esto no debería sorprenderle. Este hechizo es magia sencilla, pero también es eficaz. Es un hechizo que puede hacer en cualquier momento que le convenga y es un hechizo universal. Puede elegir el mejor momento que se adapte a sus necesidades para realizar este ritual.

También es un hechizo que se puede aprovechar. La energía de la luna es potente y no se debe abusar de ella. Utilice este hechizo para repeler la energía negativa, pero no caiga en la tentación de utilizarlo negativamente usted mismo.

## Necesitará:

- Una vela roja
- Aceite de almendras
- Ruda fresca o seca picada
- Sal marina gruesa sin refinar
- Un plato plano
- Un trozo de papel de aluminio

Una vez que tenga los ingredientes, coja la vela roja y báñela con aceite de almendras, comenzando por la base y subiendo hacia la mecha. Esparza la sal en el plato y haga rodar la vela aceitada en la sal. Cuando esté empapada en la mezcla, retire la vela y lave el plato. Después, utilice el papel de aluminio para forrar el plato y coloque la vela en el centro del mismo. Encienda la vela con cerillas y asegúrese de que está apoyada dejando caer un poco de cera húmeda sobre el papel de aluminio y colocando la vela en él para asegurar la vela en su sitio.

Asegúrese de que la llama es fuerte antes de invocar el hechizo de Morrigan.

> *"Diosa de la fuerza y la lucha,*
>
> *Tú eres el muro que me defiende del mal y de la magia de mi enemigo.*
>
> *Sobre todo, haz que sea imposible que ......... me alcance. (Diga el nombre de la persona que quiere atacarle).*
>
> *Y contra este muro, el mal que se envía a atacar se rompe y se aleja de mí*
>
> *Permanezco bajo tu protección, mi diosa*
>
> *Al mismo tiempo, esta vela se consume,*
>
> *los símbolos de todos los males se consumen".*

Cuando esté conjurando su hechizo, puede añadir sus propias invocaciones. Este es un ritual de protección, así que añada cualquier cosa que tenga que ver con la protección en su vida. Utilice cualquier mensaje u oración que desee para su diosa, y ella responderá adecuadamente.

Asegúrese de permanecer en meditación y de concentrarse en su deseo de protección. Puede repetir el hechizo hasta que la vela se consuma por completo. Cuando termine el ritual, utilice el papel de aluminio para envolver los restos de cera, y llévelo al exterior para alejar toda la energía negativa de usted. Entierre el papel de aluminio que contiene los restos en el jardín. Esto simboliza la eliminación de la energía negativa de usted. Puede repetir el hechizo siempre que quiera, y no hay límite para hacerlo.

# Rituales de cambio de forma

Morrigan es conocida por animar y motivar a los guerreros heroicos a conseguir grandes victorias en la batalla y a los héroes hacia la victoria en una batalla. Participa en el conflicto mediante el uso de la hechicería y el cambio de forma. La diosa también aterroriza al enemigo. Es capaz de dar fortaleza a su pueblo y de proporcionarle información estratégica para ayudarle a ganar. La Morrigan es capaz de cambiar de forma, y tiene un número de animales y criaturas diferentes en las que puede transformarse. Cuando realice este ritual, se transformará en diferentes objetos y el enemigo no podrá identificarla fácilmente. Puede probar los rituales de tambores chamánicos o la meditación de cambio de forma para conectar con ella.

Algunas personas pueden cambiar de forma de manera natural, mientras que otras pueden requerir algún tipo de entrenamiento. Con este ritual, la diosa puede ayudarle a cambiar a diferentes formas, incluyendo cornejas, vacas, cuervos, lobos y anguilas. También puede desempeñar funciones cruciales relacionadas con la profecía y la poesía. En la hora de la necesidad, la diosa hará pronunciamientos proféticos de fatalidad o de victoria, especialmente en la víspera de grandes batallas. También puede hacer grandes cosas después de la batalla. Se cree que la diosa tiene poder sobre la vida y la muerte, y que puede resucitar a todos los héroes caídos en la batalla.

Cuando se realiza el ritual de cambio de forma antes de una batalla, significa que no se morirá. Este tipo de ritual puede ser muy útil para proteger a los guerreros en diferentes batallas. Es esencial investigar un poco sobre este hechizo para conocer los elementos necesarios. Como cualquier otro ritual, debe saber que no hay una única forma de hacer el encantamiento de cambio de forma. Es necesario que se comunique con la diosa para que le guíe en todo lo que haga.

# Hechizos de cuervos

La Morrigan está vinculada al cuervo, que se considera uno de los animales sagrados. Se la identifica como el cuervo, y también puede utilizarlo para realizar sus rituales de protección y soberanía. Puede conseguirlo reuniendo algunas plumas de cuervo, que puede utilizar como ofrenda a la diosa. También puede realizar un sencillo ritual en el que invite a las cornejas a su jardín. Aliméntelos para crear una relación mutua de protección eterna. La presencia de cuervos en su jardín significa que está protegido contra las fuerzas del mal.

Para tener éxito en este ritual, es esencial estudiar el comportamiento de los cuervos para poder imitar sus gestos. Puede invocar al espíritu del cuervo para que le guíe cuando realice un ritual o un hechizo. Siéntase libre de realizar este tipo de hechizo de la forma que desee. Recuerde que sus intenciones determinarán lo que pedirá a la diosa.

# Hechizos de sombra

Aunque los hechizos de sombra pueden ser dolorosos, pueden ayudarle en su viaje hacia la creación de una nueva vida. La destrucción puede anunciar cosas nuevas en su vida, y también puede realizar un ritual en el que busque protección contra las fuerzas negativas. Pero los hechizos de sombra no tratan solo de rechazar las fuerzas negativas de su vida, sino también de *enfrentarse a ellas*. Mire en su interior y encuentre dónde está herido y qué le hace daño. La diosa celta de la guerra le ayudará a guiarle en su búsqueda de lo que le aflige emocionalmente. El hechizo es un proceso de curación al igual que se trata del rechazo de la negatividad.

Antes de emprender este hechizo en particular, intente invocar los poderes de la diosa y comuníquele sus intenciones. La diosa conoce todas las cosas que necesita en la vida y le guiará en consecuencia. Si ella considera que este hechizo no es ideal para usted, recibirá un mensaje de su voz. Además, si ella está contenta con el encanto, también le dará luz verde para proceder. Mientras se comunica con la diosa sobre su intención, también debe preguntar sobre los elementos necesarios para el trabajo del hechizo.

---

# Utilizar las oraciones

Los celtas creían que, al emprender una batalla o una guerra, debían invocar el poder de la Morrigan para obtener protección. Estos poderes pueden ser invocados a través de un amuleto de protección. Los guerreros cantaban el siguiente amuleto de protección elemental contra el daño.

> *"Poder y protección a los que marchan por un mundo mejor*
>
> *Poder y protección de la tierra a los pies que marchan sobre ella*
>
> *Poder y protección de los vientos para llenar los pulmones del pueblo*
>
> *Poder y protección del agua para limpiar el dolor de los corazones de muchos*
>
> *Poder y protección de los fuegos que arden por la justicia".*

Además, una oración a la Morrigan, como diosa de la soberanía, es otro método que puede considerar para honrarla y pedirle orientación. Si va a entrar en una batalla para defender su tierra y su integridad territorial, es fundamental invocar los poderes de la diosa.

> *"Una Morrigan*
>
> *Cantando hechizos de poder, da forma a la tierra.*
>
> *De la carne y el hueso de Odra, diste forma a un arroyo dormido.*
>
> *Anu,*
>
> *Las colinas son tus pechos*
>
> *fértiles, exuberantes*
>
> *Badb,*
>
> *Los túmulos y los reclamos son tu vientre,*
>
> *El vado del río es tu morada luctuosa*
>
> *Macha*
>
> *Los montículos de las hadas son tu dominio,*
>
> *Emain Macha, marcado por tu mano.*

*Que sienta tu poder en la tierra bajo mis pies,*

*Que escuche tus palabras en el sonido de los ríos.*

*Que encuentre el descanso en tus túmulos y en tu reino sombrío".*

Un aspecto que debe conocer sobre estas oraciones es que puede modificarlas para incluir cualquier cosa que desee obtener de la diosa. Puede recitar su oración antes de emprender un acontecimiento importante que pueda suponer una amenaza para su vida. Después de decir la invocación, debe terminar dando las gracias a la diosa para mostrar su agradecimiento.

# Realice hechizos sexuales

La diosa Morrigan está asociada al sexo por sus características, ya que representa el renacimiento y la fertilidad. Un hechizo sexual honrará a Morrigan por sus sacrificios, conectando con su renacimiento. Con la fertilidad y la creación viene la integridad territorial o la soberanía. Puede realizar un ritual sexual y pedir a la diosa que proteja a su descendencia para defender su territorio. Comunique a la diosa su intención para hacerle saber lo que pretende conseguir. Este hechizo no debe ser complicado, pero asegúrese de que su pareja es consciente de sus intenciones. Evite hacer un hechizo en contra de los deseos de otra persona, ya que podría no lograr sus objetivos.

# Ofrendas sagradas

Las ofrendas sagradas honran a las deidades. Cuando pida la protección de Morrigan, haga una ofrenda generosa. Una ofrenda a una deidad muestra su agradecimiento por lo que hace por usted. Cuando trabaje con la Diosa Macha, tratará con el lado más brillante de su energía. Por lo tanto, presentar una ofrenda es más bien alimentar a la diosa con la energía y el alimento que puede necesitar para mejorar sus intenciones.

La diosa ama, reconforta y proporciona una energía que le hace sentirse segura, protegida y cálida. Puede tener en cuenta diferentes cosas a la hora de hacer ofrendas, en función de sus preferencias e intenciones. El rojo es un color común para las ofrendas a Morrigan. La comida de color rojo y el vino tinto son fáciles de conseguir. Al igual que con otros dioses de antaño, los símbolos del pasado se utilizan con frecuencia: hidromiel, leche, miel, plumas de cuervo y alimentos tradicionales. A los dioses les gusta la poesía y las obras de arte y, por supuesto, la sangre demuestra que usted se toma en serio la ofrenda (no necesita mucha sangre, una gota es más que suficiente). Puede elegir cualquier cosa con la que resuene su intuición (y que le satisfaga) para hacer una ofrenda a la diosa.

Las ofrendas se le presentan en el altar de la Morrigan, y no hay una fórmula estricta para hacerlo. Sin embargo, debe rezar una oración o comunicarse con la diosa sobre su intención mientras realiza la ofrenda. Si se encuentra en una situación difícil y necesita protección, ella le quitará la carga. Todo lo que tiene que hacer es entregarle la carga a ella, y esto debe ir acompañado de su ofrenda. Ella le proporcionará un remedio que aliviará sus problemas. Si se está preparando para ir a una batalla, debe hacer una ofrenda apropiada a la diosa, que suele ser maestra, enfermera y madre. Si quiere aprender cosas nuevas relacionadas con las hierbas, puede invocar a Macha.

Cuando da su ofrenda preferida, demuestra que es serio y está dispuesto a sacrificar algo por Morrigan. También puede preguntar a la diosa qué quiere antes de presentar su ofrenda. De nuevo, no hay una única forma de comunicarse con ella, ya que puede hacer cualquier cosa que le parezca intuitivamente correcta. Si quiere hacer una ofrenda única, debe considerar si hay algo que tenga un significado importante para usted y ofrecérselo con una intención fuertemente reverencial. Debe sentir que la deidad ha aceptado su ofrenda. Si realiza el ritual correctamente, la diosa se comunica con usted. Recuerde dar las gracias a la diosa al final de cada ritual que realice a la diosa.

La diosa Morrigan Macha es conocida por proteger a diferentes personas que buscan orientación en diversas cosas. Aunque la diosa está asociada con la muerte y la destrucción, se cree que promueve el renacimiento y la fertilidad. Hay varios hechizos de Macha para la protección y la soberanía que puede tener en cuenta, especialmente cuando va a entrar en una batalla. Es esencial investigar sobre la diosa, para saber cómo realizar los hechizos de protección.

# Capítulo 9: Nemain - Rituales para encontrar su yo feroz

Aunque ocupa papeles algo similares a los de sus hermanas, Nemain es más a menudo venerada por sus cualidades positivas. Como la más feroz del trío, esta encantadora diosa irlandesa proporciona valor y fuerza a quienes la invocan. Con el sonido de su voz, guio a los guerreros celtas a la batalla y pastoreó las almas de los caídos hacia el otro mundo. Y ella puede guiarle hacia su objetivo, en cualquier camino que elija tomar en la vida. Tanto si necesita encontrar una fuerza interior para sanar del pasado y poder ser más firme en el futuro como si simplemente quiere prepararse para la batalla ante un próximo obstáculo, invocar el poder de Nemain le ayudará.

A veces, ya sentirá su necesidad de ella, por lo que la invocará y compartirá su fuerza y experiencia con usted. Otras veces, necesitará realizar un ritual para invocarla y pedir su ayuda. Tenga en cuenta que su experiencia con ella siempre será personal y diferirá de vez en cuando en función de sus necesidades espirituales actuales. En este capítulo se expondrán los rituales dirigidos a Nemain. Todos ellos deberán realizarse en su altar e incluir una ofrenda a la diosa. Y recuerde que siempre debe dar las gracias después de realizar los rituales para asegurarse de que la energía positiva sigue fluyendo a través de su conexión con ella. Y cuanto más personal haga la ceremonia, más probable será que le traiga el éxito.

# Honrar la fuerza de Nemain

Este ritual tiene el propósito de ayudarle a recordar los cambios que trae el ciclo de la vida. A través de él, Nemain le otorgará el poder de encontrar su fuerza interior y aprovechar la sabiduría intuitiva que necesita. El mejor momento para realizar este ritual es por la noche, durante o cerca de la luna nueva.

**Necesitará:**

- 3 velas: blanca, negra y roja
- Un cuenco de agua, idealmente de una fuente natural de agua dulce
- Representaciones de la Nemain
- Una ofrenda para la diosa
- Una piedra
- Un instrumento de escritura que pueda utilizar en la piedra

**Instrucciones:**

1. Coloque el cuenco de agua cerca de la ventana de la habitación en la que tenga su altar. Debe permanecer en una zona oscura.
2. Escriba su intención o las palabras asociadas a ella en la piedra, y espere a que la escritura esté seca.
3. Coloque la representación de Nemain en su altar y la piedra a su lado.

4. Ponga las tres velas frente al símbolo y la piedra y apague las luces eléctricas de la habitación.

5. Párese frente a su altar asumiendo una posición de poder. Manténgase erguido, con los pies separados a la altura de los hombros para sentirse conectado a la Tierra.

6. Respire profundamente un par de veces y levante los brazos por encima de la cabeza, con las palmas de las manos enfrentadas. Debería sentir que su columna se alarga y que sus hombros se extienden hacia la espalda.

7. Ahora que se encuentra en un triángulo que simboliza a la diosa, debe centrarse en su fuerza. Intente imaginar su poderosa sangre fluyendo por sus venas.

8. Mantenga esta posición hasta que se sienta lo suficientemente fuerte como para defenderse y curarse a sí mismo o prestar sus poderes a otros si es necesario. Debe sentir que esta fuerza proviene de un lugar de amor propio y con una aceptación de los cambios de su vida.

9. Espere unos minutos para ver si la propia Nemain tiene algún mensaje para usted. Luego, tome el cuenco de agua y colóquelo en el suelo, y ponga también la piedra al lado.

10. Después de estirarse un poco, siéntese en una posición cómoda y coja una manta para envolverse.

11. Contemplando el cuenco de agua, permita que su mente se relaje para que puedan surgir pensamientos positivos. Tómese el tiempo necesario para absorber todo lo que pueda sentir, oír o percibir con sus sentidos.

12. Cuando sienta que su intuición se eleva y se sienta lo suficientemente capacitado para afrontar cualquier dificultad que pueda surgir, coja la piedra y colóquela en el cuenco de agua.

13. Espere un par de minutos hasta que la piedra absorba la energía. Lo que haya escrito en la piedra tendrá ahora un gran poder, y lo sentirá cuando tome la piedra en la mano.

14. Ahora es el momento de expresar su gratitud por la sabiduría de Nemain y la bendición que le ha concedido con el siguiente canto:

*"Oh, gran diosa Nemain,*

*invoco tu fuerza*

*Porque tú eres la que tantos temen,*

*Pero yo honro tu poder dentro de mí.*

*Tú gobiernas el ciclo del nacimiento, la vida y la muerte*

*y creas el renacimiento de la fuerza.*

*Eres de los que curan y dan en los momentos de necesidad*

*y puedes protegerme y guiarme en mi camino de verdad.*

*Y sé que solo tú puedes ser tan fuerte*

*pues solo un verdadero guerrero muestra su fuerza cuando es más vulnerable.*

*Que pueda recibir tu poder ahora*

*para que pueda estar junto a ti y ser igual de fuerte".*

15. Respire profundamente y tome un vaso de agua. Deje las ofrendas en el altar durante un par de horas antes de deshacerse de ellas.

16. Levántese y coloque la piedra en un lugar visible para que le recuerde el poder de la diosa. También puede llevarla consigo y aprovechar la fuerza de Nemain cuando la necesite.

## Pedir la guía de Nemain

A veces, para encontrar la fuerza interior, no solo necesita tomar prestado el poder de la diosa guerrera. También necesitará que ella le muestre cómo utilizarlo. Con este ritual, puede pedirle poder y consejo sobre cómo actuar después de recibir su bendición. Este sencillo, pero eficaz acto de magia puede realizarse en cualquier momento que desee. Sin embargo, si aprovecha la energía de la luna creciente, será aún más eficaz.

**Necesitará:**

- Una vela roja
- Ruda seca o fresca picada
- Sal marina gruesa y sin refinar
- Aceite de almendras

- Papel de aluminio
- Un plato plano más grande
- Fósforos
- La ofrenda de su elección
- Una representación de Nemain

**Instrucciones:**

1. Rocíe o frote un poco de aceite de almendras en la vela para ungirla. Empiece por la parte inferior y suba lentamente, pero tenga cuidado de evitar la mecha.
2. Vierta la sal y la ruda en un plato y mézclelas. A continuación, pase la vela por la mezcla y deje que la sal y la ruda se adhieran al aceite.
3. Lave el plato y fórrelo con un trozo de papel de aluminio. Ponga la vela en el centro del plato y enciéndala con una cerilla de madera.
4. Si utiliza una vela más fina, espere a que la cera se derrita para que se sostenga por sí sola sobre el papel de aluminio.
5. Coloque el plato con la vela delante del símbolo de la diosa, junto con la ofrenda que haya preparado para ella.
6. Póngase cómodo adoptando una posición que le permita concentrarse en su intención. Las técnicas de meditación también serán útiles para que se ponga en el estado de ánimo adecuado.
7. En este punto, debe empezar a concentrar su mente en invocar a la diosa de la fuerza con el siguiente hechizo:

*"Diosa de la fuerza, te invoco*

*pues sé que has luchado antes.*

*Necesito que tu muro me defienda de los que desean hacerme daño*

*y necesito que me ayudes a reconocer el espíritu malicioso.*

*Por encima de todo, quiero ser imposible de alcanzar para el mal,*

*así, podré rechazar su ataque en caso de que venga.*

*Muéstrame cómo protegerme del daño*

*que envían para quebrantarme y ponlo lejos.*

*Ayúdame a encontrar la fuerza para proteger también a los que amo,*

*Nemain, cuando mi vela se consuma, haz que mi poder crezca".*

8. Manténgase concentrado en su intención y, si es necesario, recite el hechizo unas cuantas veces más. Puede hacerlo hasta que la vela se consuma, o hacer algunas pausas y volver a su misión tan pronto como pueda.

9. Por último, cuando la vela se haya consumido por completo, coja el papel de aluminio y recójalo lentamente, asegurándose de que la cera permanece cerrada en el centro.

10. Aléjela de su altar y entiérrela. Puede hacerlo en una maceta si no tiene un jardín.

La vela absorbe cualquier negatividad que pueda estar impidiéndole actuar de forma intuitiva. Al enterrar la cera, se está deshaciendo de ella y limpiándose de la negatividad.

# Ritual de fortalecimiento

Un estado mental negativo puede afectar en gran medida a su capacidad para invocar el poder cuando se enfrenta a situaciones estresantes. Si quiere superar cualquier obstáculo en la vida, el primer paso es fortalecerse mentalmente. Este ritual dirigido a la diosa de la fuerza le ayudará a ello.

**Necesitará:**

- Una vela blanca, una negra y una rosa o roja
- Incienso de salvia, cedro o pino
- Incienso de rosa o ámbar
- Salvia, pino u otro aceite de desterramiento para la vela negra
- Aceite de rosas para la vela rosa o roja
- Aceite marroquí para la vela blanca
- Una piedra preciosa negra
- Un trozo de cuarzo rosa
- Fósforos

- Un bloque de carbón vegetal
- Ofrenda para la diosa

**Instrucciones:**

1. Coloque todo lo que tiene delante en el altar y unja sus velas con los aceites.

2. Comience el ritual encendiendo la vela blanca en el centro del altar.

3. Deje que el bloque de carbón se caliente y espolvoree sobre él las hierbas sueltas para hacer el incienso. Utilice solo salvia, pino o romero al principio.

4. Después de dejar que el humo purifique su energía, visualice su intención: trate de encontrar cualquier trauma emocional o bloqueo mental.

5. Cuando haya identificado toda la carga emocional y los problemas que obstruyen su mente, utilice el sahumerio con el humo del incienso para desterrarlos.

6. A continuación, utilice la vela blanca para encender la negra. Coloque esta última en el lado izquierdo del altar.

7. Llame a las dos partes de la diosa: la feroz para que le ayude a desterrar su bloqueo mental y la pacífica para que despierte su intuición con esta invocación:

   *"Nemain, diosa de la fuerza y la sabiduría,*

   *te invito a que me ayudes a ver.*

   *Me niego a dejar que mis malos pensamientos nublen mi juicio*

   *y elijo desterrarlos para siempre.*

   *En su lugar, te pido paz,*

   *para ver lo que verdaderamente está por delante.*

   *Ayuda a mi trabajo esta noche, oh querida Nemain".*

8. Ahora, puede empezar a concentrarse en la vela negra y recordar todas las cosas que desea cambiar en su vida. Piense en todo lo que sus pensamientos negativos le impiden lograr.

9. Cuando haya identificado todos sus pensamientos y emociones negativas, reconózcalos. Esto le ayudará a ver

más allá de ellos y a encontrar su verdadera fuerza.

10. Cuando los encuentre todos, apague la vela con un movimiento rápido y permita que la luz mortecina se lleve toda la negatividad de su interior. Visualice esta energía abandonando su espacio con el humo de su incienso.

11. Respire el aroma del incienso de desterramiento durante un par de minutos para asegurarse de que toda la energía negativa se ha disuelto.

12. Ahora que es una pizarra en blanco, puede empezar a llenarse de positividad. En este momento, debe encender la vela roja o rosa con la blanca y colocarla en el lado derecho del altar.

13. Espolvoree incienso de ámbar o rosa sobre el bloque de carbón y deje que llene sus sentidos mientras respira sus energías.

14. Recuerde cómo la propia diosa encontró su fuerza interior en sus momentos más vulnerables y pídale que le muestre cómo lo hizo.

15. Cuando sienta su presencia, mire la llama de la vela y deje que le ayude a concentrarse en todas las cosas positivas de su vida.

16. Continúe repitiendo pensamientos afirmativos para sí mismo hasta que se sienta saciado de ellos.

17. Tome el cuarzo rosa en sus manos y siga respirando el aroma del incienso de invocación y observando la llama de la vela. Atraiga esta fragancia a su cuerpo y a su mente.

18. Agradezca a la diosa por prestarle su sabiduría y su fuerza para que pueda encontrar su propio poder.

19. Puede dejar que la vela rosa o roja se consuma por completo o, mejor aún, apagarla y volver a encenderla más tarde unas cuantas veces y repetir las afirmaciones cada vez.

20. Una vez terminado el ritual, entierre la cera de la vela negra, junto con las cenizas del incienso.

21. Lleve el colgante de rosa con usted en todo momento dondequiera que vaya.

Visualizar que sus pensamientos negativos son enterrados con la vela y las cenizas le ayudará a mantenerlos alejados de usted en el futuro. Así podrá mantenerse fuerte y capaz de superar cualquier obstáculo en la vida. La primera parte del ritual (desterrar) solo debe repetirse si es necesario. La parte de la bendición debe realizarse durante cada luna nueva y llena, que cae en sábado.

# El ritual de la memoria

A veces el bloqueo de su poder intuitivo está causado por un trauma que se encuentra tan profundo que ni siquiera usted logra recordarlo. Sin embargo, hacerlo es necesario para convertirse en una versión más empoderada de sí mismo. A través de este ritual, Nemain le ayudará a buscar esos recuerdos desde los rincones más profundos de su mente.

**Necesitará:**

- 2 o 3 velas amarillas
- Una representación de la diosa
- Una caja con tapa
- El incienso de su elección
- Ofrendas para Nemain
- Pintura o papel de aluminio
- Adornos para la caja
- Música – opcional

**Instrucciones:**

1. Pinte el interior de la caja de color negro o simplemente fórrela con papel de aluminio. Decore el exterior con símbolos que le ayuden a evocar recuerdos y añada también algunos que representen a la diosa.

2. Coloque todo lo demás en el altar, cierre la caja y encienda las velas.

3. Póngase en una posición cómoda y comience a concentrar su mente para revelar sus recuerdos ocultos.

4. Recite una declaración inicial saludando a su pasado y reconociendo su efecto en su vida actual. Luego continúe con la siguiente invocación:

*"Llamo a Nemain para que revele mi pasado*
*para que mi futuro sea brillante.*
*Te necesito, diosa, para salir de la oscuridad*
*y me ayudes a encontrar la luz y a dejar mi huella.*

*No permitas que mi pasado controle mi presente y mi futuro; no permitas que mis pensamientos y acciones sigan siendo oscuros como la noche.*

*Ahora te encuentro y te recibo con los brazos abiertos*
*mientras me pastoreas de vuelta a la luz".*

5. En este momento, debe abrir la caja y mirar atentamente lo que encuentra en su interior.

6. Visualice sus recuerdos mirándole fijamente, listos para encontrarse y saludarle, para que pueda hacer las paces con ellos durante los siguientes momentos.

7. Acepte sus recuerdos de experiencias negativas con un estado de ánimo que no permita que le impidan alcanzar todo su potencial. Tómese todo el tiempo que necesite durante este paso.

8. Después de hacer las paces con su pasado y disminuir todos los pensamientos y emociones negativas relacionadas con el pasado, deje que su mente se despeje con una gran exhalación de aire.

9. Exprese su gratitud hacia la diosa y deje las ofrendas para ella.

10. La caja debe ser tratada según sus preferencias. Puede elegir destruirla o dejarla a la luz del sol, donde toda la negatividad de la misma es sustituida por la positividad.

Limpiar la caja y guardarla para futuros usos es una excelente opción, ya que es una buena idea repetir este ritual un par de veces al año. Puede hacerlo en cualquier momento en que se sienta abrumado por la negatividad que le impide encontrar la fuerza interior para enfrentarse a los problemas que tiene delante.

# Capítulo 10: Honrar a la Morrigan a diario

Si quiere conectar con la diosa Morrigan, hay varias cosas que debe hacer para honrarla. En este último capítulo se explican algunos microrrituales diarios rápidos y sencillos que puede practicar para crear y cimentar una relación duradera con esta poderosa diosa. Algunas de estas cosas incluyen recitar una breve oración diaria, llevar un trisquel, echarse agua en la cara tres veces, pedir protección, meditar o hacer un trabajo de camino con la Morrigan. Puede elegir una o más de una de estas pequeñas actividades para honrar y adorar a su diosa.

# Estudiar la Morrigan

Lo primero y más importante es estudiar a la deidad si quiere conocerla mejor. Debe leer las leyendas y el folclore sobre la diosa Morrigan y estudiar la historia de la mitología irlandesa en su intento de comprender su enrevesada composición, su hechicería y sus poderes. Cuando investigue sobre Morrigan, lleve un diario en el que anote los aspectos críticos que debe recordar. En sus estudios, debe centrarse en las áreas dedicadas a la diosa celta de la guerra. Escriba notas sobre sus experiencias y pensamientos. Hay varias fuentes de información sobre Morrigan que puede encontrar en Internet y, si lo comprueba cuidadosamente, puede conseguir estudios irlandeses gratuitos en línea.

# Espacio de altar para la Reina Fantasma

El espacio es un punto de partida importante para honrar a Morrigan. Su altar debe estar en un espacio dedicado, lejos de interrupciones y distracciones. Tenga una representación de la diosa en su altar, ya sea una imagen o una estatua. El altar debe estar cubierto de tela - ya sea roja o negra - con velas del mismo color. La diosa está relacionada con el agua, así que añada también un cuenco con agua. Si tiene una representación de un cuervo o cuervos, añádala también (estatuas y no dibujos).

La imagen de un cuervo es una de las cosas más importantes que debe tener para honrar a la Diosa Morrigan. Cuando lance sus hechizos, debe intentar ganar sus batallas y derrotar a todos sus demonios internos. Una estatua en su altar es simbólica, ya que representa la presencia de la diosa en su espacio.

# El número 3

El número tres es un símbolo popular para la Morrigan, y se puede utilizar para honrar a la diosa de diferentes maneras. Existen tres hermanas dentro de Morrigan, y a menudo se utilizan tres líneas para representar el trío de hermanas o las tres formas de energía que fluyen de la diosa. El número mágico se asocia a muchas deidades y figuras poderosas, y en Irlanda hay una flor que tiene tres hojas (cuatro si tiene suerte): el trébol. Utilice tres líneas o un trébol para honrar a Morrigan.

A menudo se asocia a la diosa Morrigan solo con la destrucción, pero también representa la iniciación. Morrigan es como un fénix que surge de las llamas: de su propia destrucción surge el renacimiento. El triskele es un símbolo de tres puntas que se utiliza para representar a Morrigan. La tríada proviene de las tres figuras de Macha, Badb y Nemain. Las imágenes de estas tres mujeres representan el nacimiento, el crecimiento y la muerte. La palabra " trisqueles" es una palabra griega que significa "tres piernas". El triskelion es un símbolo que se encuentra en la entrada de Newgrange, en Irlanda. Ganó popularidad en la cultura celta desde el año 500 a. C., y sigue utilizándose como símbolo para honrar a la diosa.

Puede llevar el símbolo del trisquel, ya que se cree que representa el movimiento. Los tres brazos están creados para que parezca que se mueve desde el centro, y se cree que este tipo de movimiento significa energías. El trisquel abarca numerosas trilogías en nuestra vida cotidiana: los tres componentes de una familia (madre, padre e hijo), el ciclo vital (vida, muerte y renacimiento), nuestra línea de tiempo (pasado, presente y futuro) y muchas más.

Se cree que el trisquel celta indica un movimiento hacia delante, que se mueve para llegar finalmente a un entendimiento. El significado es diverso y también tiene muchas posibilidades. La triple luna también muestra diferentes secciones del ciclo lunar. Cuando la luna está llena, tenemos a la Madre. Cuando está creciente, tenemos a la Doncella. Y la luna menguante nos trae a la Anciana. Se entiende que la Morrigan es una diosa triple. Por lo tanto, el símbolo trisquel puede simbolizar su esencia.

Siguiendo con el número tres, el otro ritual sencillo que puede hacer para honrar a la diosa es echarse agua en la cara tres veces cada mañana por cada una de las diosas del trío. Puede hacerlo mientras llama a la diosa para que la proteja y salpicar el agua tres veces por la noche para darles las gracias. Este hechizo es fácil y no requiere ninguna herramienta complicada. Puede hacerlo al levantarse y antes de acostarse.

## Meditación de Morrigan

En sus rituales diarios para honrar a la diosa Morrigan, podría incluir la meditación por sus muchos efectos positivos sobre la mente, el cuerpo y el alma. Puede erigir un altar o santuario temporal, pero se recomienda tener uno permanente si va a honrar a Morrigan de forma regular. Decore el altar o santuario con telas rojas o negras, plumas de corneja (o cuervo), agua, velas, sangre, miel y otros alimentos tradicionales irlandeses. Su ritual debe ser sencillo, ya que debe meditar sobre todo lo que simboliza a la Morrigan.

Cuando visite su altar, busque un lugar tranquilo para sentarse, o si no se siente cómodo sentado, puede meditar de pie. Asegúrese de que dispone de los objetos adecuados para ello. Diga su intención en voz alta a la diosa mientras medita. Si tiene intención de pedir protección, asegúrese de comunicarlo con claridad. Es posible que desee ofrecer a la diosa algo valioso cuando sienta su presencia en su vida. Puede ser cualquier objeto que la simbolice. Por ejemplo, puede meditar sobre la llama de una vela y una pluma de cuervo. Cuando ofrezca algo a la diosa, sentirá de repente su presencia en su cuerpo, lo que indica que su oferta ha sido aceptada.

Meditar o trabajar en el camino a una hora específica cada día es otra forma de honrar a la diosa. Cambiar de forma puede ayudarle a conectar con Morrigan y a honrarla. Esto puede resultar natural para algunas personas, pero no es algo que todo el mundo pueda hacer. El ritual implica una meditación profunda para liberarse de su cuerpo y viajar a otro. Asegúrese de hacer algo que satisfaga sus necesidades y algo que complazca a la diosa.

## Magia de la corneja

La Morrigan está estrechamente relacionada con la corneja. Es un ave sagrada común que simboliza a la diosa. Ella puede transformarse en corneja. Por lo tanto, una forma de honrarla es intentar hacer muchos amigos con las cornejas de su zona. Puede hacerlo alimentándolas o invitándolas a su jardín o patio. Las cornejas en su jardín simbolizan la presencia de la diosa Morrigan. Si ve cornejas con frecuencia, estúdielas. Puede invocar el espíritu de la corneja en sus meditaciones y rituales, y la Morrigan siempre está cerca cuando hay cornejas.

La Morrigan elige al cuervo o a la corneja como símbolo principal de la guerra, el conflicto y la muerte. La corneja es conocida por su sabiduría y su astucia. También se le considera una protectora de los registros sagrados. También la representa en los campos de batalla. Asimismo, puede elegir una corneja como guía espiritual o tótem. Le avisa si hay un peligro inminente y le guía en su camino. Además, le permite superar ciertos miedos que pueda tener, permitiéndole aprovechar las oportunidades en su vida. Para asegurarse de que aprovecha al máximo todos estos beneficios, debería llevar imágenes de cuervos o joyas con piedra de sangre. A Morrigan le encanta esta piedra, por lo que llevar estas joyas demuestra su devoción por ella.

## Honrar a la Morrigan con cánticos

A medida que desarrolle su relación con la diosa Morrigan, debería tener un ritual diario dedicado a ella. Puede honrarla con cantos que deben estar dedicados a su vida y a su origen. La razón principal para honrarla es permitirle que se ponga en contacto con usted si tiene algún deseo que cumplir. Fortalecerá su relación con la diosa cuando la invoque por su nombre. Esencialmente, un fuerte vínculo con ella significa que le guiará y protegerá en las diferentes cosas que haga. El siguiente es un canto común que puede invocar a la Morrigan.

*"¡Alabado sea Morrigu, gran reina!*

*¡Saludo a Morrigan, reina de los fantasmas!*

*¡Llamo a Morrigan, diosa del destino!*

*Te llamo, señora de la batalla - ¡Ven, Morrigan!".*

Además de utilizar los cánticos, también puede pedirle a la diosa que le guíe mediante el uso de herramientas de adivinación. Puede pedirle orientación utilizando herramientas como las cartas del tarot, péndulos, runas y otras cosas. Es una diosa de la profecía, y puede ayudarle a obtener una visión de los acontecimientos que probablemente ocurrirán en el futuro, para que pueda hacer sus planes con confianza.

# El trabajo de la sombra

Una cosa importante que hay que saber sobre la diosa Morrigan es que está asociada con la destrucción. Sin embargo, no es necesariamente algo malo porque la nueva vida es capaz de crecer a partir de la destrucción. El trabajo de sombras le lleva al interior de usted mismo para descubrir lo que le preocupa. Cuando realiza el trabajo de sombras, Morrigan le guía, mostrándole dónde residen las energías negativas y qué las está causando. Puede que vea su lado oscuro en su interior, pero la diosa está ahí con usted en cada paso del camino.

Este tipo de trabajo puede ser difícil de realizar, especialmente cuando se enfrenta a problemas enterrados, pero piense en ello como el túnel que recorre para llegar a la luz. La vida no siempre puede ser tranquila, ya que es probable que se encuentre con cosas negativas que pueden afectarle de diferentes maneras. Sin embargo, Morrigan conoce muy bien las cosas que deseamos y puede sacarnos de los momentos difíciles. Asimismo, la diosa se preocupa de enseñarnos que hay luz al final del túnel. Incluso si está pasando por momentos difíciles, debería invocar a la diosa para que le guíe en todo lo que haga para alcanzar sus objetivos deseados.

# Magia sexual

El sexo no es algo que deba rehuirse. Morrigan mantiene relaciones sexuales con Dagda. La diosa simboliza la nueva vida y la fertilidad, que puede lograrse a través del sexo. Si lo desea, puede probar la magia sexual para honrar a la Morrigan. Esta es una forma noble de honrarla, ya que representa el renacimiento, la fertilidad y la creación. Es esencial dar a conocer su intención a la diosa porque si practica el sexo sagrado por fe y respeto a la diosa, ella le bendecirá con mucha descendencia. Traer nueva vida a la tierra es algo que apacigua a la diosa.

## Ofrendas sagradas a la diosa Morrigan

Debería tener la rutina de dejar ofrendas a la diosa Morrigan en su altar cuando realice su ritual. Su altar es un espacio sagrado donde realiza sus ritos e intenta comunicarse con el poder supremo. Las ofrendas a la deidad son fundamentales, ya que muestran su agradecimiento por el buen trabajo que ella realiza para usted y a su alrededor. Cuando presente una ofrenda, estará alimentando a la diosa con la energía que pueda necesitar para ayudarle en sus intenciones.

Puede utilizar alimentos de color rojo o vino tinto, ofrendas de alimentos y bebidas tradicionales como el hidromiel y la miel, arte como la poesía o las pinturas, agua, sangre, cuchillas y plumas. Estos alimentos se consideran ofrendas aceptables por su conexión con la diosa. Los artículos también comparten algunas similitudes de carácter con la energía de la deidad. Coloque sus ofrendas en el altar y centre su atención en su espíritu. La Morrigan le prestará su servicio en agradecimiento a su ofrenda.

## Utilizar las oraciones

Una forma eficaz de conectar con la diosa Morrigan es a través de la oración. Hay muchas formas de rezar a la diosa, así que intente elegir cualquier cosa a la que le lleve su intuición. Puede recitar la siguiente oración en honor a la diosa.

*"Gran Reina, la Morrigan*

*Escúchame; soy tu sacerdote y tu guerrero,*

*Protégeme del daño, ya sea por intención o por ignorancia,*

*ante las pruebas y las alegrías de la vida,*

*Que sea siempre firme: tranquilo en mente, cuerpo y emoción,*

*Que esté centrado, presente, encarnado,*

*Mi mente como el agua; sin aferrarse a nada y sin problemas,*

*Que actúe con decisión, con la verdad y la sabiduría como guías,*

*Que mis acciones y palabras se muevan desde un lugar de honor, sabiduría, compasión y amor,*

*Que sepa cuándo hay que cortar y cuándo hay que ser cortado*

*Revísteme de astucia y picardía;*

*Que pueda moverme con flexibilidad y resistencia entre los mundos".*

Cuando rece, debe sentirse libre de incluir todo lo que desea que la diosa haga por usted. Ella es proveedora y se compromete a satisfacer las necesidades de sus seguidores. Es vital que escuche la voz de la diosa y se asegure de hacer lo que se le indique. En su próximo ritual de oración, debe agradecerle todo lo que ha hecho por usted. Ella seguirá dándole más bendiciones.

## Invocaciones a la Morrigan

Cuando realice un ritual, invoque a la Morrigan y sentirá su presencia. Cuando desarrolle una fuerte relación con la diosa, ella acudirá a su rescate siempre que su relación con ella sea fuerte y respetuosa. Debes llamarla cuando necesites que te acompañe a una batalla. Morrigan protege a todo el mundo, pero a menudo se centra en aquellos que más lo necesitan, los que no pueden valerse por sí mismos. Cuando se la llama, ella ayudará en la curación y la protección. La siguiente es una invocación para Morrigan cuando se desea ayuda para diferentes cosas.

*"Te invoco*

*Hija de Ernmas,*

*hermana de la batalla y la soberanía,*

*te llamo a ti*

*Diosa del arte de la guerra*

*la victoria y la muerte*

*Te llamo Gran Reina*

*Morrigu, señora de los fantasmas*

*Acompáñame ahora".*

Otro método para invocar a la diosa Morrigan es encender una vela roja que representa el color del poder. Como en la mayoría de las oraciones a las deidades, no pide simplemente lo que necesita, sino un camino más fácil para llegar a él. Pida a Morrigan que le acompañe en su viaje y elimine los obstáculos para que pueda trazar un camino hacia su futuro. Cuando invoque a la diosa, tenga claro qué es lo que realmente necesita: la vaguedad no le conseguirá lo que quiere. La diosa sabe lo que quiere, así que debe pedirle ayuda y darle las gracias. Esto es algo que puede hacer a su manera, ya que no existe una fórmula universal. Lo único que tiene que hacer es asegurarse de que el método que elija para honrar a la diosa sea aceptable.

Los rituales espirituales son únicos, y su devoción a la diosa Morrigan debería ayudarle a conectar con ella. Para honrar a Morrigan a diario, se recomienda que se familiarice con su historia. Puede conseguirlo leyendo libros relacionados con esta diosa. Además, también puede honrarla con la oración, los cantos o la meditación, pero asegúrese de que el motivo de su contacto o intención es conocido. Debe ser honesto, veraz y mostrar respeto a Morrigan para que ella responda. Una vez que permita que su interior reciba su llamada, escuchará su voz. Esto le ayudará a crear una relación respetuosa con la diosa, y podrá honrarla diariamente utilizando esta línea de comunicación.

# Conclusión

Este libro cuenta la complicada, enrevesada y a menudo confusa historia de la diosa Morrigan, o la Morrigan, vista por los ojos de los celtas. Dondequiera que vivieran los celtas en todo el mundo, Morrigan aparecía en una de sus muchas formas, trayendo una advertencia de muerte o una bendición de fertilidad. Existen coloridos relatos sobre sus proezas y habilidades mágicas. La mayoría de ellos se refieren a ella como una metamórfica asociada a la guerra, la muerte y la profecía. Sin embargo, sus poderes de adivinación van mucho más allá de anunciar la muerte.

También puede revelar un destino superior o la suerte en una vida diferente. Es una protectora y una guía para lograr la fertilidad en el trabajo, el arte o la vida personal. Estos controvertidos papeles de la Morrigan se describen mejor en sus disfraces de Reina Fantasma y Reina de las Hadas. La primera es conocida por aparecer de la nada y anunciar la muerte o advertir sobre el derramamiento de sangre que seguirá después de una batalla. De la segunda se dice que dirige la corte de hadas por los reinos para proteger a los humanos, los animales y las cosechas de los espíritus maliciosos.

La mitología irlandesa la menciona a veces como un solo ser, trabajando junto a sus hermanas Macha y Neiman. Juntas, influirían en el resultado de muchas guerras. Morrigan predecía la inminente masacre y advertía a las partes enfrentadas. Neiman provocaba el pánico entre los guerreros para disuadirlos del combate, y Macha les ofrecía protección y consuelo en el campo de batalla. Otras fuentes afirman que estas tres son manifestaciones de una única diosa. Ella adoptaba un papel para advertir a los guerreros sobre su inevitable muerte y otro para pastorear las almas de los difuntos hacia el otro mundo. La mayoría de las veces, se ocupaba de estas tareas apareciendo como una corneja, un pájaro sabio asociado a las profecías y a la muerte. También podía aparecer como una vieja bruja o incluso como una terrorífica banshee si realmente quería disuadir a los guerreros de luchar.

Sin embargo, la Morrigan no solo evitaba que las partes lucharan. A veces les inspiraría a luchar aún más, en el campo de batalla o por sus objetivos en la vida. Este aspecto suyo es el que muchos practicantes paganos y neopaganos utilizan para darse poder. A pesar de la creencia popular, Morrigan no es una diosa malvada, aunque le advierta de las cosas malas que se avecinan. Verla como la representación de la reencarnación y el renacimiento da a sus seguidores la esperanza de que vendrán tiempos mejores después de cada obstáculo en la vida.

Superar los obstáculos le hará más sabio, y el conocimiento que adquiera no podrá ser desterrado. Ella puede ayudarle a sanar, para que pueda asistir a otros en el mismo proceso. Morrigan puede guiarle hacia el camino en el que encontrará el balance entre la oscuridad y la luz, que reside en todos nosotros y que tratamos de mantener en equilibrio. Si se la honra con regularidad, esta poderosa diosa le ayudará a encontrar su yo feroz incluso cuando se sienta más vulnerable. Todo lo que tiene que hacer es construir un altar donde pueda honrar a la Morrigan, recitar los hechizos y realizar los pequeños rituales dedicados a esta versátil diosa. También puede utilizar la meditación, escribir sus propios cánticos o personalizar los de este libro según sus propias creencias.

# Vea más libros escritos por Mari Silva

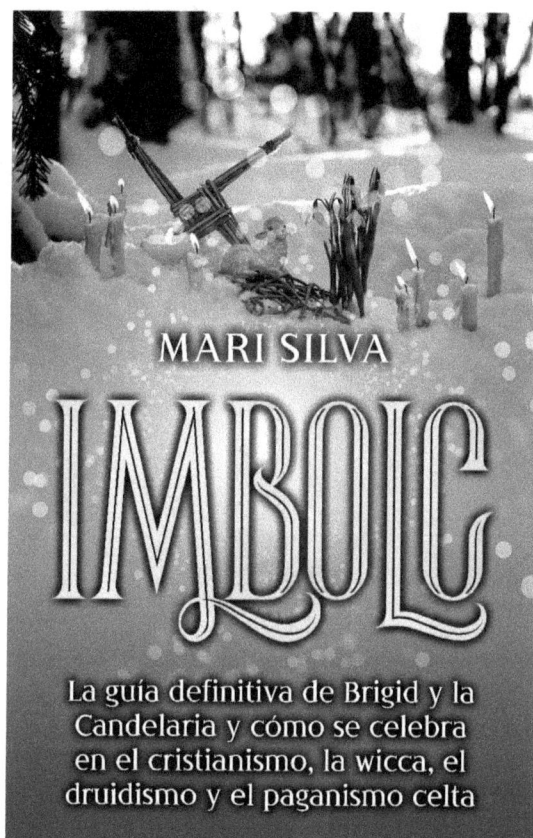

MARI SILVA

# IMBOLC

La guía definitiva de Brigid y la
Candelaria y cómo se celebra
en el cristianismo, la wicca, el
druidismo y el paganismo celta

# Su regalo gratuito

¡Gracias por descargar este libro! Si desea aprender más acerca de varios temas de espiritualidad, entonces únase a la comunidad de Mari Silva y obtenga el MP3 de meditación guiada para despertar su tercer ojo. Este MP3 de meditación guiada está diseñado para abrir y fortalecer el tercer ojo para que pueda experimentar un estado superior de conciencia.

https://livetolearn.lpages.co/mari-silva-third-eye-meditation-mp3-spanish/

# Referencias

Información. (2020, 11 de febrero). Morrigan. Orden de Bardos, Ovates y Druidas. https://druidry.org/resources/morrigan

O'Hara, K. (2020, 21 de abril). La Morrigan: La historia de la diosa más feroz del mito irlandés. El viaje por carretera de Irlanda. https://www.theirishroadtrip.com/the-morrigan

Greenberg, M. (2020, 29 de diciembre). La diosa irlandesa de la Morrigan: La guía completa. MythologySource. https://mythologysource.com/badb-irish-goddess-morrigan

Mitologías, B. (2014, 5 de junio). Macha. Mitologías del bardo. https://bardmythologies.com/macha

Wright, G. (2020, 16 de agosto). Danu. Mythopedia. https://mythopedia.com/topics/danu

https://www.sciencealert.com/new-research-finds-crows-can-ponder-their-own-knowledge

Wigington, P. (s.f.). La triple diosa: Doncella, Madre y Anciana. Learn Religions. https://www.learnreligions.com/maiden-mother-and-crone-2562881

West, B. (2020, 29 de enero). Eriu : Una gran diosa de la trinidad femenina de la antigua Irlanda. Projeda. http://www.projectglobalawakening.com/eriu

La Morrigan: Reina Fantasma y cambiadora de forma. (s.f.). IrelandInformation.Com. https://www.ireland-information.com/irish-mythology/the-morrigan-irish-legend.html

Russo, L. (2015). La Morrigan. P'Kaboo.

Nemain - mundo oculto. (s.f.). Occult-World.Com. https://occult-world.com/nemain

Muse, A. (2020, 22 de octubre). La Morrigan - Reina de las Hadas. Adamantine Muse. https://www.patheos.com/blogs/adamantinemuse/2020/10/the-morrigan-faerie-queen

CelticJourney, y Ver mi perfil completo. (s.f.). CelticJourney-gifts. Blogspot.Com. http://carmenceltijourney.blogspot.com/2010/12/this-is-one-of-images-of-many-iv.html

Anu/Anann. (s.f.). Maryjones.Us. https://www.maryjones.us/jce/anu.html

Carmody, I. Ó. (s.f.). La mórrígan habla - sus tres poemas. Storyarchaeology.com Sitio web: https://storyarchaeology.com/the-morrigan-speaks-her-three-poems-2

Daimler, M. (2015). El papel de la Morrigan en el Cath Maige Tuired: Incitación, magia de batalla y profecía. https://www.academia.edu/15486900/The_Role_of_the_Morrigan_in_the_Cath_Maige_Tuired_Incitement_Battle_Magic_and_Prophecy?pop_sut d=false

Fir bolg: Un antiguo pueblo de la mitología irlandesa. (2021, 29 de septiembre). MythBank Sitio web: https://mythbank.com/fir-bolg

La Morrigan: Reina Fantasma y cambiadora de forma. (s.f.). IrelandInformation.com Sitio web: https://www.ireland-information.com/irish-mythology/the-morrigan-irish-legend.html

Williams, A. (2020, 16 de agosto). Morrigan. Sitio web de Mythopedia: https://mythopedia.com/topics/morrigan

El simbolismo animal en la mitología celta - mongoose publishing. (s.f.). Mongoosepublishing.Com.

Garis, M. G. (2020, 2 de diciembre). Las lunas crecientes y menguantes afectan a su mentalidad y estado de ánimo de forma diferente: esto es lo que hay que saber. Well+Good. https://www.wellandgood.com/waxing-waning-moon

hÉireann, S. na. (2016, 11 de diciembre). La diosa cuervo - Morrigan. Stair Na HÉireann | Historia de Irlanda. https://stairnaheireann.net/2016/12/11/the-crow-goddess-morrigan

History.com Editors (2018, 6 de abril). Samhain. HISTORY. https://www.history.com/topics/holidays/samhain

Kneale, A. (2017, 17 de junio). Los cuervos en la mitología celta y nórdica. Transceltic - Casa de las naciones celtas.

https://www.transceltic.com/pan-celtic/ravens-celtic-and-norse-mythology

MacCulloch, J. A., Gray, L. H., & Machal, J. (2018). Mitología celta. Franklin Classics

Morrigan - la antigua diosa irlandesa de la trinidad. (2020, 14 de septiembre). Symbol Sage. https://symbolsage.com/morrigan-goddess-origin

Símbolos sagrados: Triqueta y el poder del "3". (2019, 1 de octubre). The Spells8 Forum. https://forum.spells8.com/t/sacred-symbols-triquetra-the-power-of-3/233?_ga=2.185581673.1108131998.1644631994-818242194.1644631994

Símbolo de la triple luna/símbolo de la triple diosa, significado y orígenes explicados. (2021, 11 de marzo). Símbolos y significados - Su guía definitiva para el simbolismo. https://symbolsandmeanings.net/triple-moon-symbol-triple-goddess-symbol-meaning-origins

Wigington, P. (s.f.). La magia detrás de la mitología del cuervo, las leyendas y el folclore. Learn Religions. https://www.learnreligions.com/the-magic-of-crows-and-ravens-2562511

O'Hara, K. (2020, 21 de abril). La Morrigan: La historia de la diosa más feroz del mito irlandés. The Irish Road Trip Sitio web: https://www.theirishroadtrip.com/the-morrigan

(1992). Sitio web de Whitcraftlearningsolutions.com: https://whitcraftlearningsolutions.com/wp-content/uploads/2015/07/Animal_Symbolism.pdf

Daimler, M. (2014). Portales paganos - La Morrigan: El encuentro con las grandes reinas. https://books.google.at/books?id=ckOQBQAAQBAJ

31 días de samhain creativo día 5: La diosa oscura Morrigan. (s.f.). Thecreativepriestesspath.Com. https://thecreativepriestesspath.com/31-day-of-creative-samhain-day-5-dark-goddess-morrigan

Cartwright, M. (2021). La Morrigan. World History Encyclopedia. https://www.worldhistory.org/The_Morrigan

Clark, R. (1987). Aspectos del Morrigan en la literatura irlandesa temprana. Irish University Review, 17(2), 223-236. http://www.jstor.org/stable/25477680

García, J. (s.f.). La Morrigan: La reina fantasma de la mitología celta la Morrigan: La reina fantasma de la mitología celta. Chapman.Edu.

https://digitalcommons.chapman.edu/cgi/viewcontent.cgi?article=1407&context=cusrd_abstracts#:~:text=Neiman%2C%20pero%20está%20también%20asociada%20con%20las%20diosas%2C,del%20fato%2C%20la%20Morr%C3%ADgan%20es%20también%20una%20de

Morrigan. (2022, 27 de enero). Dioses y diosas. https://godsandgoddesses.org/celtic/morrigan

Morrigan y Danu. (s.f.). Livejournal.Com. https://mhorrioghain.livejournal.com/23009.html

Morrígan: Ofrendas, signos, símbolos y mitos de la diosa. (2021, 17 de septiembre). Hechizos8. https://spells8.com/lessons/goddess-morrigan-signs

O'Hara, K. (2020, 21 de abril). La Morrigan: La historia de la diosa más feroz del mito irlandés. The Irish Road Trip. Sitio web: https://www.theirishroadtrip.com/the-morrigan

Russo, L. (2015). La Morrigan. P'Kaboo.

Shaw, J. (2014, 31 de diciembre). Morrigan, diosa celta de la soberanía, la guerra y la fertilidad por Judith Shaw. Feminismandreligion.Com. https://feminismandreligion.com/2014/12/31/morrigan-celtic-goddess-of-sovereinty-war-and-fertility

Tuatha Dé Danann explicado y lista de dioses. ( ). Timeless Myths. https://www.timelessmyths.com/celtic/danann

Weber, C. (2021). La Morrigan: La diosa celta de la magia y el poder. Tantor Audio

Wigington, P. (s.f.). La Morrigan. Learn Religions. https://www.learnreligions.com/the-morrighan-of-ireland-2561971

Woodfield, S. (2011). Tradición celta y hechicería de la diosa oscura. Llewellyn Publications. https://books.google.at/books?id=CRN4w6g2mMwC

Morrigan, R. (2011, 14 de noviembre). Sobre el altar (y cómo montarlo). Rowan Morrigan. https://rowanmorrigan.wordpress.com/2011/11/14/the-altar

Warren, Á. (2020). Altares para la Morrigan: la agencia legitimadora de una diosa en el flujo de autoridad en red de una subcultura de YouTube. Journal of Contemporary Religion, 35(2), 287-305. https://doi.org/10.1080/13537903.2020.1761632

Anónimo, Runas Futhark Antiguas: Cómo leer las runas para la adivinación, la diosa Medusa y la Gorgona: 7 maneras de trabajar con su feroz energía, Ciera, Ritual de adivinación con agua: magia egipcia y adivinación, y Lectura del tarot con cartas: Historia y Cómo Hacerlo con

Ejemplos. (2020, 17 de junio). Cómo utilizar el tarot para trabajar con dioses y diosas. Otherworldly Oracle Sitio web: https://otherworldlyoracle.com/how-to-use-tarot-to-work-with-gods-and-goddesses

Holmes, S., Lynch, S., Mcgrath, G., Castillo, M., Bethany, Russell, L., ... Burch, I. (2021, 24 de febrero). Runas celtas. Predict My Future. Sitio web: https://predictmyfuture.com/celtic-runes-everything-you-need-to-know

¿Cómo se escudriña con un espejo negro? (s.f.). Sitio web Kelleemaize.com:

https://www.kelleemaize.com/post/how-do-you-scry-with-a-black-mirror

Tarot de los dioses: La Morrigan. (2014, 2 de mayo). Sitio web de Áine Órga:

http://aineorga.com/2014/05/02/tarot-gods-morrigan

La llamada de la Morrigan. (2013, 8 de febrero). Sitio web Coru Cathubodua Priesthood:

https://www.corupriesthood.com/the-morrigan/morrigans-call

Treanor, D., Elle, Walker, R., Roots, S., Fields, K., Duff, C., ... Triple diosa: La Doncella, la Madre y la Anciana para los practicantes modernos. (2020, 10 de abril). Diosa celta de la guerra: 8 formas de trabajar con La Morrigan. Otherworldly Oracle Sitio web:
https://otherworldlyoracle.com/celtic-goddess-of-war

¿Qué es la visualización y cómo la hago? (s.f.). Sitio web de Cosas de brujos:
https://themanicnami.tumblr.com/post/160105192986/what-is-visualization-how-do-i-do-it

(s.f.). Sitio web Llewellyn.com:
https://www.llewellyn.com/journal/article/2877

Maxberry, A. (2011). La Morrigan. Wisdom House Books.

Treanor, D., Elle, Walker, R., Roots, S., Fields, K., Duff, C., ... Triple diosa: La Doncella, la Madre y la Anciana para los practicantes modernos. (2020, 10 de abril). Diosa celta de la guerra: 8 formas de trabajar con La Morrigan. Otherworldly Oracle Sitio web:
https://otherworldlyoracle.com/celtic-goddess-of-war

Caro, T. (2020, 21 de diciembre). Diosa Morrigan: Oraciones, símbolos, libros y más [guía]. Magickal Spot Sitio web:
https://magickalspot.com/morrigan

Wilson, A. (2018, 11 de mayo). La magia de la Morrigan: Arrojando luz sobre la diosa oscura. Exemplore Sitio web:

https://exemplore.com/paganism/The-Magic-of-the-Morrigan-A-Three-Part-Series

Conozca a la diosa Morrigan: El trabajo de las sombras y la magia oscura con la Morrigan. (s.f.). Everyday Laurali Star Sitio web: https://www.everydaylauralistar.com/2021/09/meet-goddess-morrigan-shadow-work-and-dark-magic-with-the-morrigan.html

La Morrigan 2. (s.f.). Orderwhitemoon.Org. https://orderwhitemoon.org/goddess/morrigan-2/Morrigan2.html

Caro, T. (2020, 21 de diciembre). Diosa Morrigan: Oraciones, símbolos, libros y más [Guía]. Magickal Spot. https://magickalspot.com/morrigan

Daniel, S. (s.f.). Ritual para desterrar la depresión. Tripod.Com.

https://nemain.tripod.com/spells/BanishingDep.htm

Daniel, S. (s.f.). El ritual de la memoria. Tripod.Com.

https://nemain.tripod.com/spells/MemoryRitual.htm

Treanor, D., Elle, Walker, R., Roots, S., Fields, K., Duff, C., ... Triple diosa: La Doncella, la Madre y la Anciana para los profesionales modernos. (2020, 10 de abril). Diosa celta de la guerra: 8 formas de trabajar con La Morrigan. The Irish Road Trip. Sitio web: https://otherworldlyoracle.com/celtic-goddess-of-war

Morrigan: Ofrendas, signos, símbolos y mitos de la diosa. (2021, 17 de septiembre). Sitio web de Spells8: https://spells8.com/lessons/goddess-morrigan-signs

Rose, A. (2021, 19 de abril). Signos de la Morrigan: La guía definitiva de los signos de la diosa Morrigan. Occultmafia.com Sitio web: https://occultmafia.com/signs-of-the-morrigan-the-ultimate-guide-to-the-morrigan-goddess-signs

Caro, T. (2020, 21 de diciembre). Diosa Morrigan: Oraciones, símbolos, libros y más [guía]. Magickal Spot Sitio web: https://magickalspot.com/morrigan

anninyn (2018, 20 de agosto). El culto a Morrigan en la vida cotidiana - ¡no se necesita un altar! Siguiendo a la Diosa Oscura. Sitio web: https://fatqueerpagan.wordpress.com/2018/08/20/morrigan-worship-in-daily-life-no-altar-required

O'Hara, K. (2020, 21 de abril). La Morrigan: La historia de la diosa más feroz del mito irlandés. The Irish Road Trip: https://www.theirishroadtrip.com/the-morrigan

Información. (2020, 11 de febrero). Morrigan. Orden de Bardos, Ovates y Druidas.

https://druidry.org/resources/morrigan

---

www.ingramcontent.com/pod-product-compliance
Lightning Source LLC
Chambersburg PA
CBHW071901090426
42811CB00004B/697